Vive la France !

ISBN 978-2-02-111799-8

Les planches reproduites dans cet ouvrage
ont paru dans *Paris Match*, le *JDD* et *Charlie Hebdo*

www.seuil.com

Wolinski

Vive la France !

Éditions du Seuil

La fin du pire

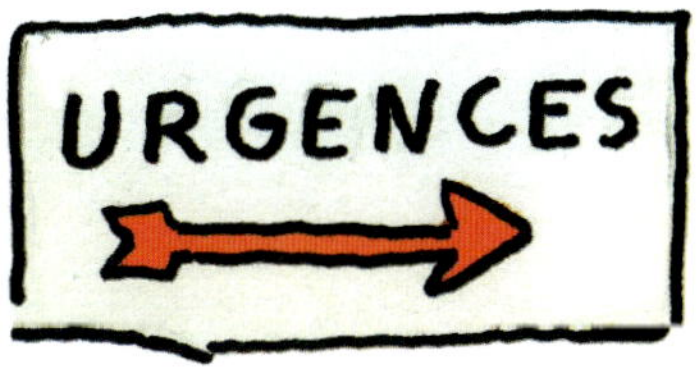

ÇA NE T'INQUIÈTE PAS DE SAVOIR POUR QUI LES FRANÇAIS VONT VOTER AUJOURD'HUI ?
MOI, CE SONT LES FRANÇAIS QUI NE VONT PAS VOTER AUJOURD'HUI QUI M'INQUIÈTENT.
WOLINSKI

CENT JOURS POUR GAGNER
HOLLANDE:
LE CHANGEMENT, C'EST L'AVENIR. VOILÀ LE RÊVE FRANCHOUILLARD! C'EST MOI LE PLUS SENSIBLE À LEURS PROBLÈMES.
SARKOZY:
LE MARIAGE HOMOSEXUEL, C'EST MON PROGRAMME. LES ENCULÉS AIMENT LE FRIC, LES FRINGUES. LES PÉDÉS SONT NI DE DROITE NI DE GAUCHE. ILS SONT DES ÉLECTEURS IDÉAUX.
MARINE LE PEN:
LES FRANÇAIS VEULENT RETOURNER AU FRANC. RENONCER À L'EUROPE. VIRER LES IMMIGRÉS. LA PRIORITÉ, C'EST LE NATIONAL!
EVA JOLY:
SORTONS DU NUCLÉAIRE SANS HÉSITATION. C'EST UNE QUESTION DE VIE OU DE MORT! LA BOUFFE, LA CHIMIE, LE SEXE. L'EMPLOI DOIVENT ÊTRE PEINTS EN VERT.
MÉLENCHON:
IL FAUT ÉRADIQUER LE CHÔMAGE, LA PRÉCARITÉ, LE DUMPING SOCIAL, LES DÉLOCALISATIONS. NOUS DEVONS GUEULER NOS CONVICTIONS ET REPRENDRE LE POUVOIR AUX BANQUES DE MERDE! ET AUX MARCHÉS FINANCIERS DÉGUEULASSES, POURRIS, CRAPULEUX...
BAYROU:
IL FAUT FAIRE CE QUI EST UTILE, NÉCESSAIRE, INTELLIGENT, JUDICIEUX, INDISPENSABLE. RAISONNABLE. HONNÊTE, JUSTE, SENSÉ, IMPECCABLE, SÉRIEUX... VOILÀ, C'EST TOUT! UN PAYS UNI, RIEN NE LUI RÉSISTE!
LES FRANÇAIS:
AÏE! AÏE! AÏE! HOLLANDE BAISSE DE 14 CM.
AÏE! AÏE! AÏE! SARKOZY CHUTE DE 12 CM.
PUTAIN! MARINE MONTE DE QUELQUES MILLIMÈTRES!
EVA JOLY SERRE LES FESSES!
MÉLENCHON GLISSE.
BAYROU DÉRAPE!
WOLINSKI

IL Y A VINGT ANS...
IL Y A 20 ANS... EN BLEU DE TRAVAIL, LES OUVRIERS AVAIENT UNE CONSCIENCE PROFESSIONNELLE! AUJOURD'HUI, LE CANDIDAT POUTOU AFFICHE SA FLEMME SUR LES PANNEAUX ÉLECTORAUX.
BRANLEURS VOTEZ POUR MOI
IL Y A 20 ANS... LES VIBROMASSEURS NE SE VENDAIENT QUE DANS LES SEX-SHOPS.
J'AIMERAIS UN GODEMICHÉ EN PLAQUÉ OR POUR L'ANNIVERSAIRE DE MON ÉPOUSE.
JE REGRETTE MONSIEUR, NOS GODES SONT TOUS EN OR MASSIF.
DIOR
IL Y A 20 ANS... ON NE TUAIT PAS POUR S'AMUSER.
POURQUOI VOUS VOULEZ TUER LES GENS?
C'EST PARCE QUE J'AI UNE TÊTE DE SUSPECT.
IL Y A 20 ANS... LES INDÉSIRABLES RESTAIENT CHEZ EUX. AUJOURD'HUI ILS QUITTENT LEUR MISÈRE.
ET SI ON ÉMIGRAIT EN FRANCE?
LA FRANCE EST DANS UNE SITUATION EXTRÊMEMENT DIFFICILE. ALLONS PLUTÔT EN ALLEMAGNE.
IL Y A 20 ANS... ON BAISAIT MOINS, MAIS ON LISAIT PLUS.
TU AS LES PIEDS FROIDS.
TU AS LES COUILLES CHAUDES.
IL Y A 20 ANS... ON PRÉFÉRAIT LA RIGOLADE À L'HUMOUR.
ET SI ON REFAISAIT "CHARLIE HEBDO"?
SOYONS SÉRIEUX.
WOLINSKI

COLUCHE, MESRINE, PICASSO ET SES MAÎTRES, SŒUR EMMANUELLE,.. LES VIVANTS NE S'INTÉRESSENT PLUS QU'AUX DISPARUS. ON NE VOIT PLUS QUE LEURS EFFIGIES SUR LES COUVERTURES DES MAGAZINES!
C'EST VENDEUR, LA MORT!
PICASSO ET SES MAÎTRES
WOLINSKI

JE SUIS CANDIDAT, VOILÀ MON PROGRAMME !
MON PROGRAMME, JE L'AI PIQUÉ À CHE GUEVARA : « SOYONS RÉALISTES, DEMANDONS L'IMPOSSIBLE. »
JE SAIS QUE RIEN N'EST IMPORTANT. ET QUE TOUT COMPTE. QUE JE TIENS À LA VIE. QUE CHAQUE INSTANT EST PRÉCIEUX. POURTANT RIEN N'EST MEILLEUR QUE GASPILLER LES ANNÉES, LES JOURS, LES HEURES, LES SECONDES. UN NOUVEAU-NÉ EST RICHE. UN VIEILLARD EST FAUCHÉ.
ON N'A PAS BESOIN D'AVOIR VÉCU POUR RACONTER SA VIE. SUIS-JE CELUI QUE JE SUIS, OU CELUI QUE JE FAIS SEMBLANT D'ÊTRE ? JE SUIS UN HOMME COMME TOUT LE MONDE. UN BRAVE TYPE, UN PAUVRE TYPE, UN PAUVRE CON. PARFOIS, LA NUIT, J'AI PEUR. J'ANGOISSE. JE PENSE À TOUT CE QUE J'AURAIS DÛ FAIRE POUR ÊTRE UN AUTRE. ÊTRE UN AUTRE, BIEN SÛR, C'EST UN PRIVILÈGE. RASSUREZ-VOUS, JE SERAI LE PRÉSIDENT DE LA FIN DE TOUS LES PRIVILÈGES !
J'AIMERAIS QUE VOUS SOYEZ TOUS BIEN LOGÉS. QUE VOS ENFANTS SOIENT BIEN ÉLEVÉS. QUE VOUS AYEZ LE TEMPS DE LIRE DES POLARS, DE RIRE EN REGARDANT LAUREL ET HARDY. DE VOUS ATTENDRIR DEVANT LA BOUCHE, LA NUQUE, LES GESTES DE CELLE QUE VOUS AIMEZ. ET QUI EST SI FIÈRE DE MOI. PARCE QUE N'IMPORTE QUI NE PEUT PAS ÊTRE QUELQU'UN.
C'EST MAINTENANT
J'AIME TOUT CE QUI EST BON. LA BOUFFE, L'AMOUR, L'AMITIÉ, L'HUMOUR, LE RÊVE, LE RÊVE FRANÇAIS. C'EST NOTRE HISTOIRE. EN FRANCE LE BONHEUR CE N'EST PAS L'ARGENT. L'ARGENT EST UN SERVITEUR, IL N'EST PAS UN MAÎTRE.

VOTEZ POUR MOI. CROYEZ-MOI, JE SUIS QUELQU'UN DE BIEN. C'EST CE QU'ELLES DISENT TOUTES. ET POURQUOI SUIS-JE QUELQU'UN DE BIEN ? PARCE QUE JE PASSE MON TEMPS À ME DIRE QUE JE NE SUIS RIEN. ET QUE JE MOURRAI SANS JAMAIS ÉLUCIDER MON PROPRE MYSTÈRE. VOTER POUR UNE ÉNIGME, C'EST MIEUX QUE VOTER POUR UN MEC QUI CROIT QU'IL Y A AUTRE CHOSE À FAIRE DANS LA VIE QUE PERDRE SON TEMPS.

ENFIN LES FEMMES AU POUVOIR !
LE PROBLÈME CE N'EST PAS DE TROUVER 17 FEMMES MOTIVÉES, MAIS DE TROUVER 17 HOMMES QUI NE FONT PAS CHIER.
LES FEMMES PARLENT TROP.
OUI, MAIS ELLES NE DISENT PAS GRAND-CHOSE...
LES FEMMES ONT LE DROIT D'AVOIR LES MÊMES DÉFAUTS QUE LES HOMMES, C'EST ÇA, LA PARITÉ !
LE VRAI COMBAT, ÇA VA ÊTRE CELUI DE L'ÉGALITÉ SALARIALE DANS LES ENTREPRISES.
MERDE ! JE N'AVAIS PAS PENSÉ À CE TRUC-LÀ !
AÏE !
LE PROBLÈME, AVEC LES HOMMES, C'EST QU'ILS SONT PRÉVISIBLES. LE PROBLÈME, AVEC LES FEMMES, C'EST QU'ELLES SONT IMPRÉVISIBLES.
JE SUIS POUR CE QUI EST BON.
CE QUI EST BON EST DÉGUEULASSE. IL N'Y A QUE CE QUI EST BIEN QUI EST RESPECTABLE.
LES FILLES DU CRAZY ONT OBTENU UNE AUGMENTATION DE SALAIRE EN FAISANT GRÈVE.
LES HOMMES DU GOUVERNEMENT ONT OBTENU UNE DIMINUTION DE SALAIRE EN BOSSANT AVEC 17 FEMMES MINISTRES.
WOLINSKI

LA STRATÉGIE
JEAN-MARC, IL FAUT FAIRE QUELQUE CHOSE POUR LES FAVORISÉS.
JE SAIS, FRANÇOIS, MAIS QUOI?
IL FAUT LEUR FAIRE COMPRENDRE QUE NOUS NE SOMMES PAS LEURS ENNEMIS.
TU LES AS EFFRAYÉS AVANT LE PREMIER TOUR, AVEC TES PROJETS DE TAXER LES REVENUS SUPÉRIEURS À UN MILLION D'EUROS PAR AN.
AVANT L'ÉTÉ, J'ÉTAIS OBNUBILÉ PAR L'INTERNATIONAL, AUJOURD'HUI, C'EST LA RENTRÉE DU NATIONAL.
NOUS RISQUONS DE DÉCEVOIR NOS ÉLECTEURS DÉFAVORISÉS!
IL SUFFIT D'ENVOYER UN SIGNAL RASSURANT, POUR MONTRER QUE NOUS SOMMES FRÉQUENTABLES!
LES CHEFS D'ENTREPRISE SE MÉFIENT DE NOUS.
NOUS ALLONS LES RASSURER EN LEUR TENDANT LA MAIN.
C'EST PAS SEULEMENT LES PATRONS QU'IL FAUT RASSURER. MAIS LES TRAVAILLEURS ET LES CHÔMEURS.
NOUS N'AVONS PAS LE CHOIX. NOUS NE POUVONS PAS DÉPLAIRE À TOUT LE MONDE!
LE PROBLÈME, C'EST QUE NOUS NE POUVONS PAS NON PLUS PLAIRE À TOUT LE MONDE!
WOLINSKI

LA GAUCHE PREND LE POUVOIR!
JE LE SENS. LA FRANCE VA ÊTRE RUINÉE.
POURQUOI?
PARCE QUE LES RICHES VONT FUIR DANS LES PARADIS FISCAUX!
LES BOURGEOIS VONT PRENDRE LE MAQUIS. JE VAIS ALLER ME CACHER AU BOIS DE BOULOGNE. TU VIENDRAS ME VOIR LE DIMANCHE EN FAISANT SEMBLANT DE TE PROMENER.
JE VAIS TE PRÉPARER UNE VALISE AVEC UN PULL ET UN PYJAMA BIEN CHAUD.
MÉLENCHON VA DEVENIR SECRÉTAIRE DU PARTI « LA GAUCHE DE LA GAUCHE ». HOLLANDE LUI SERVIRA DE CHAUFFEUR.
C'EST VRAI QUE TU AS DIT QUE J'AI LA TRONCHE D'UN MEC QUE TU NE PRENDRAIS PAS EN AUTO-STOP?
JE BLAGUAIS, CAMARADE MÉLENCHON.
LA TOUR MONTPARNASSE SERA TRANSFORMÉE EN HLM.
LES ENFANTS DÉNONCERONT LEURS PARENTS À LA POLICE BOLCHEVIQUE NATIONALE
PAPA A DIT: « SALE COCO »!
SUIS-NOUS!
JE PARLAIS AU PERROQUET
LES FEMMES SE TAPERONT LES MÊMES BOULOTS QUE LES HOMMES.
TU N'ES PAS VENUE BOSSER HIER!
JE ME SUIS FAIT AVORTER.
CE N'EST PAS UNE EXCUSE.
AU SECOURS!
QU'EST-CE QUI TE PREND?
J'AI FAIT UN AFFREUX CAUCHEMAR. LA GAUCHE A PRIS LE POUVOIR.
MAIS CHÉRI, TU ES DE GAUCHE!
OUI, MAIS DANS MON RÊVE, JE NE L'ÉTAIS PAS.
WOLINSKI

DOCTEUR, J'EN AI RAS LE BOL DES GENS QUI EN ONT RAS LE BOL DE LA FRANCE. J'ADORE CE PAYS. ET JE M'Y SENS TRÈS BIEN !
JE VAIS VOUS PRESCRIRE DES NEUROLEPTIQUES. VOUS AVEZ BESOIN DE BEAUCOUP DORMIR. ET QUAND VOUS VOUS RÉVEILLEREZ, SI VOUS AVEZ ENVIE DE PARTIR EN RUSSIE, C'EST QUE VOUS ÊTES GUÉRI !..
WOLINSKI

HÔPITAL
URGENCES
LE PIRE EST PASSÉ.
ON EST COMPLET. TROUVEZ-LUI UNE PLACE DANS LE COULOIR.
LA FRANCE EN CRISE
WOLINSKI

LE PROGRAMME DE HOLLANDE
J'AI UNE GARDE DE 15 FLICS. NOUS VISITONS UN HÔPITAL. MON PROGRAMME, C'EST TOUT CE QUE NE FAIT PAS LE PRÉSUMÉ CANDIDAT SARKOZY. J'AI DÉCIDÉ DE M'OPPOSER À L'HÔPITAL-ENTREPRISE
IL FAUT PLANIFIER LA SANTÉ. NOUS AVONS BESOIN D'UNE LOI DE SANTÉ MORALE DANS CE PAYS. LE PRÉSIDENT SARKOZY EST UN GRAND MALADE. Y A QU'À LE REGARDER POUR VOIR QU'IL EST MABOUL !
ON NE FAIT RIEN POUR LES MABOULS EN FRANCE, N'EST-CE PAS DOCTEUR ?
PERSONNE NE DOIT ÊTRE À PLUS D'UNE DEMI-HEURE D'UN PSYCHIATRE. MAIS IL FAUT RESPECTER LA DIGNITÉ DES PERSONNES QUI DÉRAILLENT.
À GAUCHE, ON EST MOINS MABOUL QU'À DROITE. ON TIENT PLUS COMPTE DES RÉALITÉS. LES RÉALITÉS SONT PÉREMPTOIRES.
VIVE LES RÉALITÉS !
IL FAIT FROID VALÉRIE M'A PRÊTÉ SON MANTEAU. JE ME SENS BIEN. J'AURAIS AIMÉ ÊTRE UNE FEMME.
AU BOURGET, J'ÉTAIS SUREXCITÉ. JE ME DISAIS : « JE SUIS BON, QU'EST-CE QUE JE SUIS BON ! MÊME VALÉRIE M'A TROUVÉ BON, UN PEU ARROGANT, MAIS BON !
POUR MATIGNON J'HÉSITE À CHOISIR MARTINE. JE NE SAIS PAS POURQUOI MAIS JE ME MÉFIE DES GENS QUI N'ONT PAS D'ARRIÈRE-PENSÉES.
BEAUCOUP D'ÉLECTRICES AURAIENT PRÉFÉRÉ VOTER POUR UNE FEMME. HEUREUSEMENT, COMME BEAUCOUP D'HOMMES J'AI DES CÔTÉS FÉMININS. JE ROUGIS, JE JETTE DES REGARDS EN COIN. J'AI LE CUL EN L'AIR, JE TORTILLE, JE ME TRÉMOUSSE, JE SUIS POTELÉ...

J'AI LE NEZ BOUCHÉ. JE VAIS PROFITER DE CE QUE JE SUIS À L'HÔPITAL...
... POUR ME FAIRE DÉSENFARINER LES NARINES. JE NE SENS PLUS LE "N° 5" DE VALÉRIE.

NOUS AVONS TOUS LES POUVOIRS.
HÉLAS ! LE POUVOIR NE RÉSOUT PAS TOUS LES PROBLÈMES.
POUVOIR
NOUS AVONS 155 FEMMES DANS LA NOUVELLE ASSEMBLÉE.
C'EST ÇA QU'ON APPELLE « LA VAGUE ROSE ».
VAGUES ROSES
TOUS LES RECORDS D'ABSTENTION ONT ÉTÉ BATTUS.
LES VOIX DES ABSTENTIONNISTES N'ONT MANQUÉ QU'À L'UMP.
ABSTENTIONS
POURQUOI DIS-TU QUE NOUS DEVONS BEAUCOUP À SARKOZY ?
PARCE QUE GRÂCE À LUI NOUS AVONS SU TOUT CE QU'IL NE FALLAIT PAS FAIRE.
L'HÉRITAGE
WOLINSKI

ACCORD POUR L'EMPLOI
MARIAGE POUR TOUS
RYTHMES SCOLAIRES
LA FISCALITÉ DES RICHES
L'ÉCONOMIE FAIT-ELLE DES ÉCONOMIES?
CULTURE À MARSEILLE
JEAN-MARC, JE M'OCCUPE DU MALI. TU T'OCCUPES DU RESTE...
WOLINSKI

LES MINISTRES SONT DÉPRIMÉS !
C'EST NORMAL !
NOS ÉLECTEURS SONT DÉPRIMÉS !
C'EST NORMAL !
LES SYNDICATS ET LE PATRONAT SONT DÉPRIMÉS !
C'EST NORMAL !
LES FRANÇAIS NE PENSENT PAS QUE LEUR SITUATION VA S'AMÉLIORER EN 2013.
C'EST NORMAL !
QUELLE EST LA SOLUTION ?
RESTER SEREIN.
WOLINSKI

HOLLANDE, LE POMPIER P
AVANT DE RECONSTRUIRE, IL FAUT ÉTEINDRE L'INCENDIE...

CRISE STRUCTURELLE
EXIL FISCAL
ÉGOÏSME DES RICHES
DÉFICIT CHRONIQUE
AVENIR PRÉOCCUPANT
DÉSENCHANTEMENT MORBIDE
ÉCONOMIE MOLLASSONNE
COMPÉTITIVITÉ ANÉMIQUE
LENDEMAINS DIFFICILES
WOUNSKI

L'IMPORTANT CE N'EST PAS D'ALLER PLUS LOIN. L'IMPORTANT C'EST DE SAVOIR FAIRE FACE.
EN PASSANT PAR LE HOLLANDISME AVEC MES SABOTS J'AI PERDU LA LORRAINE.
LE PROGRÈS ÇA COÛTE TROP CHER!
"AYRAULT PORT" À MORT!
IL VAUT MIEUX FAIRE PLEURER LES SYNDICALISTES QUE LES PATRONS!
MARIAGE, PAS GAY!
LE REDRESSEMENT N'A PAS BESOIN DE MINISTRES. CE SONT LES MINISTRES QUI ONT BESOIN DE REDRESSEMENT.
PASSER C'EST TRÉPASSER!
ATTENTION TRAVAUX!
VOIE SANS ISSUE.
DÉVIATION POUR TOUS!
VIGILANCE FLORANGE!
SOUS LES PAVÉS LA POLLUTION.
LES HAUTS-FOURNEAUX N'EMPÊCHENT PAS LES COUPS BAS!
WOLINSKI

VOUS AVEZ BESOIN D'AUTRES DOSSIERS, MONSIEUR LE PRÉSIDENT?
NON, MERCI. J'AI CE QU'IL ME FAUT.
LA CRISE
RELANCE
ITALIE
ESPAGNE
TULLE
FINANCE
RÉFORME FISCALE
CROISSANCE
GRÈCE
ZONE EURO
LIBERTÉ
ÉGALITÉ
FRATERNITÉ
WOLINSKI

IL FAUT DIRE LA VÉRITÉ AUX FRANÇAIS. LA SITUATION EST CATASTROPHIQUE, ET JE NE SAIS PAS QUOI FAIRE...
WOLINSKI

FUCK LA COMPÉTITIVITÉ !
LÂCHE-MOI, BORLOO !
ARRÊTE CETTE USINE À GAZ ! PRENDS DES MESURES CLAIRES POUR RELANCER LA COMPÉTITIVITÉ. LES FRANÇAIS ONT PEUR D'ÊTRE ROULÉS DANS LA FARINE. ILS VEULENT SEULEMENT QU'ON REDONNE DES MARGES DE MANŒUVRE À LEURS ENTREPRISES DÉVASTÉES PAR LA CRISE.
IT
RAPPORT GALLOIS
LES AMÉRICAINS SE PRÉPARENT À VOTER POUR UN MORMON, UN RÉPUBLICAIN QUI BOIT NI CAFÉ, NI THÉ, NI ALCOOL, ET QUI PRIE TOUS LES SOIRS AVANT DE RONFLER.
OH, MY GOD! HELP ME TO FUCK MY WIFE.
MITT, SORS TA BITE !
OBAMA A GAGNÉ PARCE QU'IL A TÉLÉPHONÉ LUI-MÊME À SES MILLIONS D'ÉLECTEURS. IL ÉTAIT AU COUDE-À-COUDE AVEC LE RÉPUBLICAIN MORMON. 107 500 ÉLECTEURS CHACUN. IL SUFFISAIT D'UN ÉLECTEUR POUR FAIRE 107 501 ET GAGNER.
ALLO, ICI BARAK OBAMA. VOTE POUR MOI ! ET JE SUIS TON ÉLU. C'EST TON PRÉSIDENT QUI TE PARLE !
LE PRÉSIDENT HOLLANDE A DISPARU PENDANT LES ÉLECTIONS. IL ÉTAIT JE NE SAIS PAS OÙ. AU LAOS, JE CROIS. IL A DÛ MÉDITER AVEC LES BONZES, ET RÉFLÉCHIR INTENSÉMENT AUX PROBLÈMES DE CE MONDE HYSTÉRIQUE.
LA COMPÉTITIVITÉ QU'EST-CE QUE C'EST CE TRUC MALSAIN ? UN PRÉSIDENT NORMAL C'EST UN HOMME QUI NE CROIT QUE DANS LA VERTU DE L'IMMOBILISME.
VIENTIANE
WOLINSKI

LA CRISE DE L'EURO, C'EST OK ?
C'EST OK.
ET LA CROISSANCE?
C'EST OK.
ET L'IRAN, C'EST OK?
C'EST OK.
ET LE FINANCEMENT DES TROUPES AFGHANES?
NOUS AVONS ENTENDU LA DEMANDE.
MAIS C'EST OK?
ÇA SE DISCUTE...
WOLINSKI

HOMME
«DONNEUR»
250 €
L'INSÉMINATION
UN PAPA
POUR TOUS
WOLINSKI

TU ES POUR LE MARIAGE POUR TOUS, TOI ?
NON!
ET LE CHÔMAGE POUR TOUS, ÇA NE TE FAIT PAS PEUR ?
NON!
ALORS, QU'EST-CE QUI TE FAIT PEUR ?
CE QUI ME FAIT PEUR, CE SONT LES EMBOUTEILLAGES POUR TOUS!
INTERDIRE LES VOIES SUR BERGE AUX AUTOMOBILISTES POUR QUE LES GAYS ET LES CHÔMEURS PUISSENT FLÂNER, ÇA ME GONFLE!
WOLINSKI

AU SECOURS, MANUEL VALLS !
FRANÇOIS, ÇA NE VA PAS ASSEZ VITE !
LAISSEZ-MOI DU TEMPS...
WOLINSKI

NON AU MARIAGE HOMO
NON AU MARIAGE GAY!
CODE CIVIL
NON AU MARIAGE POUR TOUS!
MONSIEUR HOLLANDE, POURQUOI VOUS NE VOUS ÊTES JAMAIS MARIÉ?
ME MARIER, POURQUOI? JE NE SUIS PAS HOMO!
WOLINSKI

AYRAULT ŒUVRE POUR LE REDRESSEMENT.
GOUVERNER C'EST CHOISIR.
MÉTRO
BOULOT
DODO
FRANÇOIS HOLLANDE N'A JAMAIS PROMIS QU'IL SAUVERAIT TOUTES LES USINES DE FRANCE.
IL FAUT ÊTRE RÉALISTE!
MITTAL
QUAND ON EST CONVAINCU QU'IL Y AURA DES RÉSULTATS, IL Y A DES RÉSULTATS.
QUE VOULEZ-VOUS DIRE DE PLUS ?
MERCI, MISS FRANCE CHÉRIE. DANS UN PAYS QUI TRAVERSE UNE CRISE GRAVE. QUEL BONHEUR DE PLEURER DE JOIE !
MISS FRANCE
WOLINSKI

NÉGOCIATIONS DU GOUVERNEMENT, AVEC LES SYNDICATS, ET LE PATRONAT, AU SUJET DES PLANS SOCIAUX.
J'INSISTE SUR LE MAINTIEN DE LA TVA SOCIALE, À PART ÇA JE REJETTE TOUS LES PLANS SOCIAUX.
NOUS SOMMES LÀ POUR ÉCOUTER LES PARTENAIRES SOCIAUX.
ON SE RENCONTRERA PLUS TARD, POUR DÉCIDER CE QUI EST DISCUTABLE.
IL FAUT UN PLAN POUR FAIRE REVENIR LES PATRONS DANS LEURS BUREAUX.
IL FAUT FAIRE PAYER CEUX QUI N'ONT RIEN.
IL FAUT REVALORISER LE SMIC !
IL FAUT REVENIR À LA RETRAITE À 60 ANS.
J'AI UN PLAN POUR LA QUALITÉ DE VIE AU TRAVAIL.
IL FAUT UN PLAN POUR FAIRE BOUGER TOUT CE QUI RESTE EN PLAN.
IL FAUT UN PLAN, EN CAS D'ÉCROULEMENT DE LA ZONE EURO.
NOUS AVONS UN PLAN CONTRE LE RENCHÉRISSEMENT DU FRANC SUISSE.
UN PLAN POUR LE POUVOIR D'ACHAT !
UN PLAN POUR L'EMPLOI
UN PLAN POUR LA NON-AUGMENTATION DE LA COTISATION VIEILLESSE.
WOLINSKI

POURQUOI TAPES-TU SUR UNE CASSEROLE ?
PARCE QUE JE VEUX UN PARLEMENT QUI CHANGE LA VIE QUOTIDIENNE DES FRANÇAIS.
LÉGISLATIVES
MOI
DÉPUTÉ
BIM BIM
TÉLÉ
QU'AS-TU CONTRE LE PRÉSIDENT HOLLANDE ?
JE CRAINS UN TOUR DE VIS FISCAL CET ÉTÉ.
BAM BAM
INFO
POURQUOI LES FRANÇAIS, ILS TAPENT SUR DES CASSEROLES ? MON CHER HOLLANDE ?
ILS NE SONT PAS CONTENTS, PARCE QUE VOUS NE VOULEZ PAS LÂCHER LA SYRIE. MON CHER POUTINE.
POURQUOI MAMAN TAPE-T-ELLE SUR UNE CASSEROLE ?
BAM BIM
PARCE QUE PAPA NE VEUT PAS LÂCHER SON LIVRE POUR LUI FAIRE DES GUILI-GUILI.
WOLINSKI

C'EST SARKOZY. IL TE CONSEILLE D'ABANDONNER TES POSTURES BOURGEOISES, ET D'ALLER VOIR POUTINE.
NON, PITIÉ !
C'EST FILLON. IL T'EXHORTE À QUITTER TA NORMALITÉ ET À PRENDRE L'AVION DE MOSCOU AVEC ANGELA MERKEL.
JE DÉTESTE PRENDRE L'AVION.
OUI, MONSIEUR COPÉ. DÈS QUE LE PRÉSIDENT A FINI SA SIESTE, JE VOUS PROMETS DE LUI DEMANDER D'INTERROMPRE NOS VACANCES POUR ALLER FAIRE PRESSION SUR POUTINE.
PASSE-MOI LE KREMLIN.
VIN ROSÉ
ALLÔ, POUTINE? ILS VEULENT TOUS QUE JE VIENNE TE VOIR POUR TROUVER UNE SOLUTION POLITIQUE EN SYRIE.
TU PRENDS UNE KALACHNIKOV, ET TU TIRES DANS LE TAS!
WOLINSKI

EN VACANCES, LE PRÉSIDENT SE POSE DES QUESTIONS.
OÙ ALLONS-NOUS ? OÙ VA LA FRANCE ? COMMENT ÉCARTER LE PIRE ?
DÉTENDS-TOI, CHÉRI. ON EST EN VACANCES...
LA GRÈCE CRAQUE. L'ITALIE PLONGE. L'ESPAGNE FLANCHE. L'ALLEMAGNE TRÉBUCHE. COMMENT SAUVER L'EURO ?
JE SUIS SÛRE QUE TU VAS TROUVER UNE SOLUTION.
ENVOYER UN ROBOT SUR MARS, EST-CE QUE ÇA PEUT FAIRE BOUGER LES LIGNES POUR TROUVER UNE ISSUE À LA CRISE ?
C'EST UN EXPLOIT SCIENTIFIQUE.
J'AIME LA SCIENCE. JE N'AIME PAS LA SCIENCE-FICTION
MMMM ! ÇA SENT BON ! À QUELLE HEURE ON MANGE ?
ENFIN, UN PEU DE BONNE HUMEUR !
WOLINSKI

MONSIEUR LE PRÉSIDENT, COMMENT LUTTER CONTRE LA CRISE DE LA DETTE ?
EN S'ENDETTANT.
MONSIEUR LE PRÉSIDENT, COMMENT CRÉER DE LA CROISSANCE ?
EN EXPORTANT CE QUE NOUS PRODUISONS.
MONSIEUR LE PRÉSIDENT, COMMENT PRODUIRE SANS ARGENT ?
EN AYANT DE L'AUDACE, ET DE L'IMAGINATION.
MONSIEUR LE PRÉSIDENT, L'AUDACE ET L'IMAGINATION PEUVENT-ELLES EMPÊCHER LA CROISSANCE DE SE DÉGRADER ?
OUI. À CONDITION DE DÉPENSER MOINS, ET D'ACCROÎTRE LES RECETTES FISCALES !
WOLINSKI

ON VA T'ENSEIGNER LA MORALE LAÏQUE JUSQU'EN TERMINALE.
TU VAS POUVOIR DISTINGUER LE BIEN DU MAL.
RECEVOIR UNE BONNE ÉDUCATION.
APPRENDRE LES VERTUS, ET LES VICES DE L'EXISTENCE
COMPRENDRE CE QUI EST JUSTE.
AIMER TON PROCHAIN.
DÉFENDRE L'ÉGALITÉ DES GARÇONS ET DES FILLES.
RESPECTER LA LIBERTÉ DE CONSCIENCE.
ET SUR LE PLAN FRIC, QU'EST-CE QUE ÇA VA ME RAPPORTER, TOUT ÇA ?
WOLINSKI

Façons de penser

LES LOCATAIRES
SURPRISE! À MON RETOUR DE VACANCES À TUNIS LE 29 JUILLET, JE DÉCOUVRE SUR MON BALCON PARISIEN UNE RAVISSANTE PIGEONNE COUVANT DEUX PETITS ŒUFS PONDUS DANS UN GRAND POT DE LIERRE.
QUELQUE JOURS PLUS TARD. LE MATIN, DEUX PETITES TOUFFES DE DUVET DORÉ FRÉMISSENT DANS LE LIERRE. LES PIGEONNEAUX ÉTAIENT NÉS. MARYSE ET MOI, NOUS ÉTIONS RAVIS, MAIS UN PEU EMBARRASSÉS D'HÉBERGER CE TRIO PLEIN DE GRÂCE. LA MÈRE ÉTAIT TRÈS DIGNE, TRÈS PROTECTRICE, TRÈS BELLE, ET COMME IL FAUT
ELLE AVAIT UNE JOLIE TACHE BLANCHE SUR LE COU SOYEUX GRIS PÂLE. LES PETITS SE MIRENT À GRANDIR AVEC UNE CÉLÉRITÉ ÉTONNANTE, EN MOINS D'UN MOIS ILS FURENT PRESQUE AUSSI GROS QUE LEUR MÈRE.
DE LA FENÊTRE DE MON BUREAU QUI DONNE SUR LE BALCON FLEURI, JE SURVEILLE LES ALLÉES ET VENUES DE MA LOCATAIRE. C'EST AINSI QUE SURPRIS
J'AI COMPRIS COMMENT COMMENT ELLE NOURRISSAIT SES DEUX AFFAMÉS. LORSQU'ELLE ARRIVAIT, ILS SE JETAIENT SUR ELLE, ET PLONGEAIENT LEURS BECS DANS SA GORGE, AVALANT GOULÛMENT SES VOMISSURES.
ELLE LEUR CRACHAIT DANS LE BEC LA NOURRITURE PICORÉE SUR LES TROTTOIRS SOULEVÉE DANS SON ESTOMAC. MAIS VITE, ELLE EN AVAIT ASSEZ DE CES BECS VIOLATEURS AVIDES, PLONGÉS DANS SES REJETS PARFOIS ENSEMBLE. ELLE TENAIT LE COUP DE MOINS EN MOINS LONGTEMPS, ET FUYAIT LA VORACITÉ DE SA PROGÉNITURE. ELLE ARRIVAIT DE PLUS EN PLUS VITE, ET ELLE
RESTAIT DE MOINS EN MOINS LONGTEMPS. SEULS, ILS REGARDAIENT LE BOULEVARD ST-GERMAIN, À MOITIÉ
REPUS, IMMOBILES, BATTANT DE L'ŒIL, GROSSISSANT DE PLUS EN PLUS. ET PUIS UN JOUR ILS ONT SU, À MA GRANDE SURPRISE, VOLER, ET ILS SONT PARTIS. JE LES AI VUS, BLOTTIS L'UN CONTRE L'AUTRE SUR UNE BRANCHE DU PLATANE EN FACE DU BALCON. ILS NE REVIENNENT PLUS. NOUS LES REGRETTONS. PENDANT QUE JE DESSINE, L'UN D'EUX A FAIT UNE APPARITION. ET PUIS IL S'EST ENVOLÉ. CHACUN SA VIE!
WOLINSKI

ÉLOGE DE L'OBSCURANTISME
POURQUOI TOUT VA MAL ? PARCE QU'ON SE POSE TROP DE QUESTIONS?
L'AUTRE MATIN, À LA CONFÉRENCE DE RÉDACTION DE "CHARLIE HEBDO", EN ÉCOUTANT MES AMIS RIVALISER DE PERTINENCE, DE FINESSE, D'ANALYSE, D'HUMOUR... J'AI EU LA RÉVÉLATION DE LA VANITÉ MALFAISANTE DE L'INTELLIGENCE.
UN GRAND CALME M'ENVAHIT. JE N'AVAIS PLUS BESOIN DE PENSER. DIEU PENSAIT POUR MOI. J'ALLAIS OBÉIR AVEUGLÉMENT À SA VOLONTÉ. J'ÉTAIS DEVENU UN TALIBAN, UN POINT C'EST TOUT. APRÈS TOUTE UNE VIE D'INCROYANCE, COMME C'ÉTAIT BON D'AVOIR ENFIN DES CERTITUDES!
QU'EST-CE QUI PROUVE QUE BEN LADEN EST COUPABLE?
LE PROBLÈME N'EST PAS LÀ.
SI C'EST PAS LUI, CE SONT SES RÉSEAUX.
IL EST CON, CE WOLIN!
N'EST-IL PAS ÉVIDENT QUE L'ATTENTAT DU WORLD TRADE CENTER EST PLUS UNE CATASTROPHE POUR L'ISLAM QUE POUR L'OCCIDENT? TOUS LES ARABES SE SENTENT MONTRÉS DU DOIGT. À QUI PROFITE LE CRIME? PAS À EUX, MAIS AUX MARCHANDS D'ARMES, QUI VONT POUVOIR RENOUVELER LEURS STOCKS. AUX MILITAIRES, QUI VONT POUVOIR JOUER AVEC LEUR QUINCAILLERIE MEURTRIÈRE, AUX PÉTROLIERS, QUI VONT IMPOSER LEURS PRIX AUX PAYS DU GOLFE, AUX ISRAÉLIENS, QUI VONT POUVOIR CONTINUER À COLONISER LA PALESTINE, ET AUX RUSSES, QUI VONT POUVOIR CONTINUER À ÉCRASER LA TCHÉTCHÉNIE.
HA HA HA! TRÈS BIEN!
C'EST LE BON ANGLE.
WOLINSKI, ON CROIT QU'IL EST CON PARCE QU'IL FAIT LE CON, MAIS IL EST VRAIMENT CON.
ILS ONT CRU QUE JE PLAISANTAIS. JE NE LES AI PAS DÉTROMPÉS. MES VIEUX AMIS SONT DES INCROYANTS CYNIQUES, LUBRIQUES, FIERS DE LEUR CULTURE ET DE LEURS CONVICTIONS MATÉRIALISTES. JE SUIS RENTRÉ CHEZ MOI, ET J'AI FAIT LE MÉNAGE. QUAND MA FEMME EST RENTRÉE, JE LUI AI EXPLIQUÉ CALMEMENT LA SITUATION.

À PARTIR D'AUJOURD'HUI, TOUT VA CHANGER ICI. JE T'INTERDIS DE SORTIR SANS UN VOILE QUI TE CACHE LE VISAGE ET TES RONDEURS. NE CHERCHE PAS LA TÉLÉ, ET TES STRINGS, JE LES AI FOUTUS À LA POUBELLE!
GEORGES, TU NE ME FAIS PAS RIRE.
ELLE AUSSI A CRU QUE JE PLAISANTAIS. POURTANT, JE N'AI JAMAIS ÉTÉ AUSSI SÉRIEUX. L'OBSCURANTISME EST L'AVENIR DE L'HUMANITÉ. NE PLUS CHERCHER À S'INTERROGER, VOILÀ LE MESSAGE D'ESPOIR POUR TOUS LES FAIBLES, LES INCERTAINS, LES INITIÉS, LES MORTIFIÉS, LES SPÉCIALISTES, LES MODESTES, LES AGENOUILLÉS, LES RAMPANTS, LES TREMBLANTS, LES PROFESSIONNELS, LES IGNARES, LES INEPTES, LES ARRIÉRÉS, LES IDOLÂTRES, LES OBSCURS... TOUS CEUX À QUI LE FANATISME A ENFIN FAIT COMPRENDRE QU'IL NE FAUT PAS CHERCHER DES RAISONS DE VIVRE, MAIS DES RAISONS DE MOURIR.
WOLINSKI

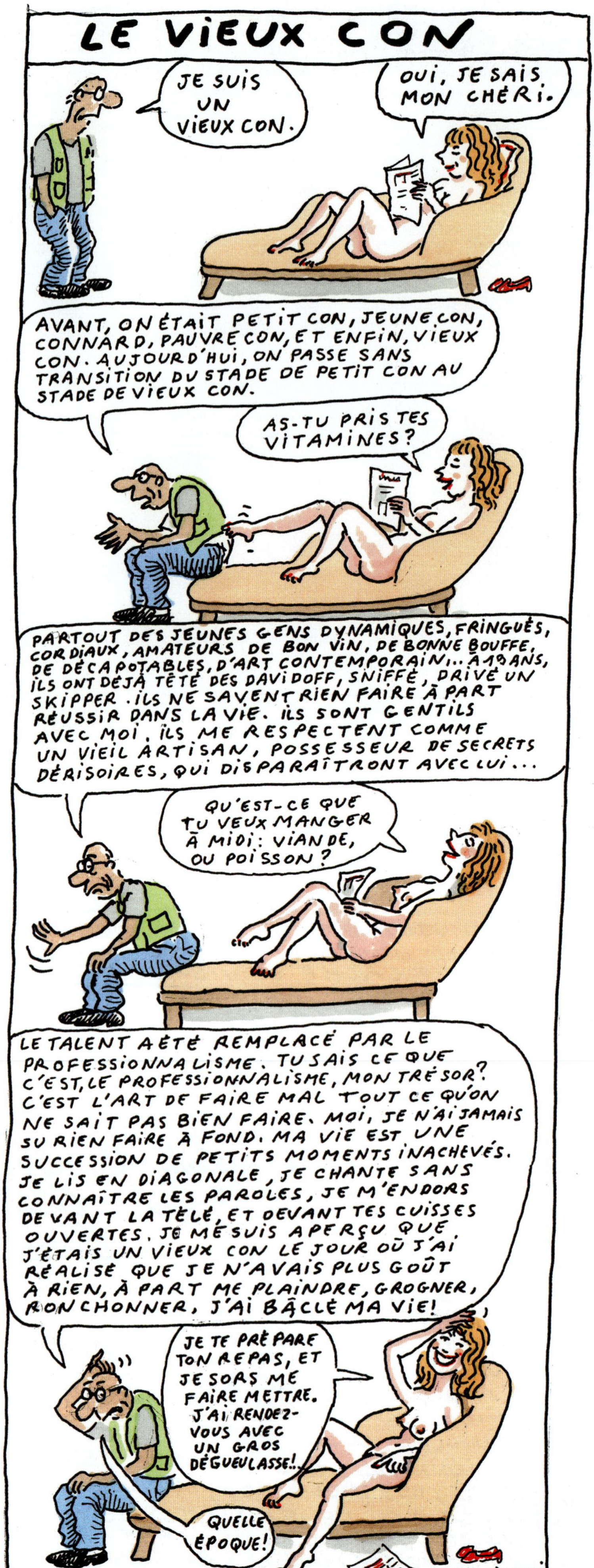
LE VIEUX CON
JE SUIS UN VIEUX CON.
OUI, JE SAIS MON CHÉRI.
AVANT, ON ÉTAIT PETIT CON, JEUNE CON, CONNARD, PAUVRE CON, ET ENFIN, VIEUX CON. AUJOURD'HUI, ON PASSE SANS TRANSITION DU STADE DE PETIT CON AU STADE DE VIEUX CON.
AS-TU PRIS TES VITAMINES ?
PARTOUT DES JEUNES GENS DYNAMIQUES, FRINGUÉS, CORDIAUX, AMATEURS DE BON VIN, DE BONNE BOUFFE, DE DÉCAPOTABLES, D'ART CONTEMPORAIN... À 19 ANS, ILS ONT DÉJÀ TÉTÉ DES DAVIDOFF, SNIFFÉ, DRIVÉ UN SKIPPER. ILS NE SAVENT RIEN FAIRE À PART RÉUSSIR DANS LA VIE. ILS SONT GENTILS AVEC MOI. ILS ME RESPECTENT COMME UN VIEIL ARTISAN, POSSESSEUR DE SECRETS DÉRISOIRES, QUI DISPARAÎTRONT AVEC LUI...
QU'EST-CE QUE TU VEUX MANGER À MIDI : VIANDE, OU POISSON ?
LE TALENT A ÉTÉ REMPLACÉ PAR LE PROFESSIONNALISME. TU SAIS CE QUE C'EST, LE PROFESSIONNALISME, MON TRÉSOR ? C'EST L'ART DE FAIRE MAL TOUT CE QU'ON NE SAIT PAS BIEN FAIRE. MOI, JE N'AI JAMAIS SU RIEN FAIRE À FOND. MA VIE EST UNE SUCCESSION DE PETITS MOMENTS INACHEVÉS. JE LIS EN DIAGONALE, JE CHANTE SANS CONNAÎTRE LES PAROLES, JE M'ENDORS DEVANT LA TÉLÉ, ET DEVANT TES CUISSES OUVERTES. JE ME SUIS APERÇU QUE J'ÉTAIS UN VIEUX CON LE JOUR OÙ J'AI RÉALISÉ QUE JE N'AVAIS PLUS GOÛT À RIEN, À PART ME PLAINDRE, GROGNER, RONCHONNER. J'AI BÂCLÉ MA VIE !
JE TE PRÉPARE TON REPAS, ET JE SORS ME FAIRE METTRE. J'AI RENDEZ-VOUS AVEC UN GROS DÉGUEULASSE !..
QUELLE ÉPOQUE !
WOLINSKI

CRÉPUSCULES
ÇA FAIT COMME UN ARC-EN-CIEL
EH, LÀ-HAUT, ALLEZ DÉGAZER AILLEURS !
IL VA FAIRE BEAU DEMAIN. C'EST TOUT ROSE.
TU ES EN TRAIN DE MOUILLER MON COL.
C'EST TOI QUI TRANSPIRES DE LA NUQUE.
C'EST VRAI, PAPA, QU'AVANT IL Y AVAIT DE L'EAU DANS LE MAZOUT ?
OUI, CHÉRIE, MAIS C'ÉTAIT DE L'EAU TRÈS POLLUÉE.
TOUS LES MATINS, JE ME MASSE AVEC DE L'HUILE DE JOJOBA, ET AUX EXTRAITS D'OLIVE. ENSUITE JE ME FROTTE AVEC UNE ÉPONGE IMBIBÉE DE BLUSH CRÈME. SUR LES LÈVRES UN BAUME RÉPARATEUR BRILLANT ET TRÈS HYDRATANT. JE GOMME MES CERNES, ET MES PETITES ROUGEURS AVEC "FORGET IT". JE ME FLUIDIFIE DES DOSES CONCENTRÉES D'"ÉCLAT DE VIE", ET UN TOTAL DOUBLE SÉRUM RÉGÉNÉRANT, COCKTAIL DE 42 PRINCIPES ACTIFS FAVORISANT LE RENOUVELLEMENT CELLULAIRE, ET PROTÉGEANT LA PEAU. ENFIN, J'ENFILE MES POLYESTERS, MES VISCOSES, MES POLYAMIDES, ET MES LYCRA.
AU TEMPS OÙ LES HUMAINS ÉTAIENT SALES, ET PUANTS, L'EAU ÉTAIT PROPRE, ET L'AIR PUR.
WOLINSKI

INTERVIEW EXCLUSIVE DE DIEU
DIEU. TU N'EN AS PAS MARRE QU'ON CROIE EN TOI?
NON, ÇA M'AMUSE, TOUS CES AGENOUILLÉS, CES PROSTERNÉS, CES FOIREUX. CE QUI M'AGACE, C'EST LA RELIGION!
TU VEUX DIRE QUE TU PRÉFÈRES LA FOI AU CREDO?
OUI, C'EST ÇA. MOI, J'AI PAS CRÉÉ LA BIBLE, LE CORAN, LES ÉGLISES, LES MOSQUÉES, LES SYNAGOGUES, TOUT CE RITUEL RIDICULE. JE ME SUIS CONTENTÉ DE PARRAINER L'ESPÈCE HUMAINE.
ET LES ANIMAUX, C'EST TOI AUSSI QUI LES AS INVENTÉS?
ÇA NE S'INVENTE PAS, UN ANIMAL. ÇA ARRIVE UN PEU COMME ÇA. ÇA COMMENCE ÉNORME, ÇA FINIT COMME UN RAT, ÇA PULLULE ET C'EST EN VOIE DE DISPARITION.
FINALEMENT, MON DIEU, TU NE CROIS EN RIEN, T'ES UN ATHÉE, AVOUE!
J'SAIS PAS. PARFOIS J'AI PEUR. ÊTRE ÉTERNEL, ÇA FOUT LES JETONS. T'AS D'LA CHANCE D'ÊTRE CONDAMNÉ À MORT.
ÇA TE PLAIRAIT DE FINIR UN JOUR TES JOURS?
L'AVENTURE, LE DANGER, L'AMOUR, JE N'AI JAMAIS CONNU ÇA. J'AI TOUJOURS VÉCU AU-DESSUS DE TOUT. JE N'AI BESOIN DE RIEN. CE N'EST PAS UNE VIE. C'EST UNE INTERMINABLE PERPÉTUITÉ.
TU AS TOUT, ET TU TE PLAINS!
CEUX QUI CROIENT À MON EXISTENCE VIVENT PLUS QUE MOI. ILS SOUFFRENT, ILS AIMENT, ILS ÉCRIVENT, ILS LISENT, ILS FÉCONDENT. MOI, JE SUIS L'ÊTRE SUPRÊME. LE GRAND RIEN. JE M'ÉTERNISE SEMPITERNELLEMENT.
POURQUOI NOUS AS TU CRÉÉS?
C'EST VOUS QUI M'AVEZ INVENTÉ. VOUS AVIEZ BESOIN D'UNE RAISON DE VIVRE.
PERSONNE NE CROIRA QUE DIEU NE CROIT EN RIEN.
VOUS ÊTES DES MIASMES, DES SOUFFLES, DE LA POUSSIÈRE, DE LA BAVE, DES GLOUGLOUS, DES TACHES. VOUS CHERCHEZ FÉBRILEMENT UN SENS À VOTRE VIE. MAIS MOI JE N'AI PAS DE SENS.

ÉCOUTE, DIEU, J'ESSAIE DE DESSINER TA CARICATURE. MAIS TU CHANGES TOUT LE TEMPS. SOIS UN PEU TOI-MÊME POUR UNE FOIS.
MON FILS, DIEU N'EST JAMAIS LUI-MÊME !
JE VAIS L'ÉCRABOUILLER, CE FILS DE PUTE !
ATTENTION, TU RISQUES UN PROCÈS COMME BLASPHÉMATEUR !
WOLINSKI

FAÇONS DE PENSER
LES FRANÇAIS AIMENT QUAND ÇA VA MAL. ILS AIMENT QU'ON LES FASSE CHIER! LEUR BAGNOLE EST EN PANNE. LEUR FEMME A UN CANCER. ÇA LEUR DONNE UN SUJET DE CONVERSATION.
"LA FIN DU MONDE" ÇA NE LEUR FAIT PAS PEUR.
EN MAI 68, ON DISAIT: « RIEN NE SERA PLUS COMME AVANT. ». TU TE SOUVIENS ? RIEN N'A CHANGÉ.
ON NAÎT. ON VIT. ON FAIT CACA. ON MEURT. RIEN N'A CHANGÉ.
VIVRE ! QU'EST-CE QUE ÇA VEUT DIRE, VIVRE ? TU AS VÉCU, TOI, PAUVRE CON !?
UN PEU, TOUT DE MÊME ! PAS BEAUCOUP. À MON ÉPOQUE, ON SE MARIAIT TRÈS JEUNE...
EH BIEN MOI, MON POTE, JE N'AI JAMAIS VÉCU. JE NE BOIS PAS, JE NE FUME PAS. JE N'AI PAS DE COMPTE EN SUISSE. JE NE PÈTE PAS PLUS HAUT QUE MON CUL. JE N'AI JAMAIS PERDU LA TÊTE, AIMÉ À LA FOLIE, DÉTOURNÉ UN AVION, VIOLÉ LE FILS DE LA VOISINE, MILITÉ POUR UNE CAUSE, FUMÉ UN JOINT. LORSQUE JE PRENDS LA PAROLE, SI UN GRAND SILENCE SE FAIT, JE BAISSE LA VOIX, ET JE DEVIENS INAUDIBLE.
AUJOURD'HUI LES GENS COMME TOI SE FONT ANALYSER...
AAH AAH
J'AI ESSAYÉ. ELLE A REFUSÉ DE ME FAIRE UNE PIPE. JE NE L'AI PLUS REVUE.
JE COMPRENDS...
WOLINSKI

ARRÊTER !...
ARRÊTER DE PRENDRE DES VACANCES DANS LES PAYS OÙ IL FAIT TOUJOURS BEAU.
LE RAS-LE-BOL TUE MOINS QUE LE RAZ DE MARÉE.
ARRÊTER D'ÊTRE SYMPATHIQUE, AIMABLE, CHARMANT, SÉDUCTEUR.
JE T'AI CHOISIE COMME PSYCHIATRE PARCE QUE TU ES MOCHE, ET CON.
JE ME DEMANDE COMMENT J'ARRIVE À VIVRE AVEC TOI?
ARRÊTER DE FAIRE L'AMOUR.
POURQUOI VEUX-TU ARRÊTER? TU BANDES ENCORE UN PEU.
IL FAUT TOUJOURS QUITTER LE BAL AU MILIEU D'UNE VALSE...
JE CROIS RÊVER!
ARRÊTER D'AVOIR UNE OPINION.
QUE PENSES-TU DE FRANÇOIS HOLLANDE?
RIEN.
TU LE VERRAIS COMME PRÉSIDENT?
POURQUOI PAS?
TU VOTERAIS POUR LUI?
ÉVENTUELLEMENT.
MAIS TU DIS QUE TU NE PENSES RIEN DE LUI!
C'EST ÇA SA FORCE!
ARRÊTER D'ÊTRE SOI-MÊME.
COMMENT IL VA, TON JULES, DEPUIS QU'IL N'EST PLUS LUI-MÊME?
IL EST BEAUCOUP PLUS GENTIL, MAIS IL PLEURE TOUT LE TEMPS.
WOLINSKI

ÇA ARRIVE...
CE DESSIN, JE NE L'AI PAS VOULU. JE NE L'AI PAS FAIT EXPRÈS. JE LE CONTEMPLE, SURPRIS. C'EST MOI QUI AI FAIT ÇA? MON TRAIT ME RESSEMBLE. PLEIN DE MANQUES. UN PEU LÂCHE, PARESSEUX, IMPRÉCIS, DÉSORDONNÉ, COMME MON ESPRIT. JE ME SUIS TOUJOURS BATTU CONTRE LA DIFFICULTÉ. JE NE FAIS QUE CE QUI EST FACILE. C'EST-À-DIRE PAS GRAND-CHOSE.
J'AI DÉCIDÉ QUE J'ÉTAIS POUR L'ENTRÉE DE LA TURQUIE DANS L'UNION EUROPÉENNE, PARCEQUE J'AI BEAUCOUP AIMÉ LE VOYAGE À ISTANBUL OÙ NOUS ÉTIONS INVITÉS EN 2002 PAR LE JOURNAL "LEMAN". ILS NOUS ONT REÇUS GÉNÉREUSEMENT, AFFECTUEUSEMENT. NOUS DEVONS LES AIDER À DEVENIR AUSSI CONS QUE NOUS. D'AILLEURS, TOUS CEUX QUE JE N'AIME PAS SONT CONTRE EUX.
LES GENS QUE JE N'AIME PAS SONT CEUX QUI NE PENSENT PAS COMME MOI. MAIS JE N'AIME PAS NON PLUS LES GENS QUI PENSENT COMME MOI, PARCE QUE JE M'ENNUIE AVEC EUX.
SARTRE DISAIT : « LA QUESTION ÉTERNELLE QUI A TOUJOURS DIVISÉ LES FRANÇAIS, QU'IL S'AGISSE D'UNE DISPUTE INTÉRIEURE COMME L'AFFAIRE DREYFUS, OU DE LA TRAGÉDIE ESPAGNOLE, OU DE LA GUERRE AVEC L'ALLEMAGNE, TOUCHE AUX RAPPORTS ENTRE LA POLITIQUE ET LA MORALE. »
C'EST EXACTEMENT ÇA, LE BOULOT D'UN DESSINATEUR POLITIQUE. METTRE EN VALEUR LES CONTRADICTIONS DE LA POLITIQUE, ET DE LA MORALE.
JE CROIS QUE TU AS BESOIN D'UNE FEMME.
AUTRE PHRASE DE SARTRE :
TOUJOURS CETTE DRÔLE D'IMPRESSION QUE ÇA NE S'ADRESSE PAS À MOI, QUE JE JOUE LA COMÉDIE, ET QU'AU FOND JE SUIS UN MISÉRABLE POLICHINELLE QUI DUPE LE MONDE...
COUCOU, GEORGES!

JE SUIS PASSÉ MAÎTRE DANS L'ART D'AVOIR L'AIR D'EN SAVOIR PLUS QUE CE QUE JE SAIS. J'AI PEU PENSÉ. J'AI VOLÉ LES PENSÉES DES AUTRES. NE DITES RIEN D'INTELLIGENT DEVANT MOI, JE M'EN SERVIRAI CERTAINEMENT. LE TALENT, C'EST RECRACHER CE QU'ON AVALE. NOUS SOMMES DES ÉPONGES. NOTRE FORCE, C'EST NOTRE FAIBLESSE: LES ÊTRES FORTS SONT TROP OCCUPÉS À JOUER AVEC LEUR FORCE, ILS NE DEVIENNENT JAMAIS DES CRÉATEURS.
BON, JE N'INSISTE PAS.
WOLINSKI

OUAH! OUAH!
JE VIENS DE DÉCOUVRIR QUE JE SUIS UN CHIEN.
ET ALORS ?
ÇA ME TRAUMATISE. J'AIME PAS LES CHIENS!
QUE FAITES-VOUS LORSQUE VOUS RENCONTREZ UN CHIEN DANS LA RUE?
J'ABOIE, ET JE RENIFLE SON CUL.
VOUS N'AIMEZ PAS LES CHIENS, MAIS VOUS LES RENIFLEZ.
ON N'EST PAS OBLIGÉ D'AIMER QUELQU'UN POUR LE RENIFLER.
ÇA, C'EST VRAIMENT UNE RÉFLEXION DE CHIEN!
J'AIME RENIFLER VOTRE ODEUR.
SNIF
ALLEZ, COUCHÉ!
BON! BON! VOUS ME TRAITEZ COMME UN CHIEN! ET SI J'ÉTAIS UN HOMME ?
DEPUIS QUAND SOUFFREZ-VOUS DE CE PROBLÈME EXISTENTIEL?
DEPUIS TOUJOURS!
QUAND J'ÉTAIS JEUNE, J'ADORAIS ELSA, LA FILLE DE MES MAÎTRES. QUAND ELLE ME PRENAIT DANS SES BRAS, J'ÉTAIS HEUREUX. ELLE DISAIT QUE JE NE SAVAIS PAS QUE J'ÉTAIS UN CHIEN.
QUI CROYEZ-VOUS ÊTRE ?
ELSA DISAIT: «CHOUCHOU CROIT QU'IL EST UNE PERSONNE HUMAINE.»
ELLE VOUS APPELAIT "CHOUCHOU", HA! HA!
OUI, FINALEMENT, C'EST PAS SI MAL D'ÊTRE UN CHIEN. LES HOMMES SONT COMPLIQUÉS. ÇA M'AURAIT FAIT CHIER DE PORTER UN FALZAR. ET VOUS ÇA NE VOUS GÊNE PAS, VOTRE CULOTTE MOUILLÉE. JE LA SENS D'ICI...
ÇA SUFFIT! COMPORTEZ-VOUS COMME UN ANIMAL BIEN ÉLEVÉ.
TOUT EST SIMPLE POUR UN CHIEN. ON ÉCOUTE SON CORPS, LES BRUITS, ON REMUE LA QUEUE...
LA MORT, LE NÉANT, L'INFINI, LE VIDE, L'IMMENSITÉ, LES MYSTÈRES DE LA CRÉATION, LES CONNERIES DE LA RELIGION, L'EUROPE, ON S'EN FOUT! ON MANGE ON DORT, ON SE LÈCHE, ON ABOIT OUAH OUAH OUAH!
VOUS ÊTES GUÉRI, CHOUCHOU!
EXPOSITION DES DESSINS DE MON AMI: CABU À LISLE-SUR-TARN 81310 MUSÉE RAYMOND LAFAGE 10, RUE VICTOR-MAZIÈS. VERNISSAGE LE 12 JUIN. VINS DE GAILLAC À VOLONTÉ. BELLES FILLES, BELLES MÈRES. VIEUX, ET JEUNES COQUINS. VENEZ TOUS TRINQUER AVEC L'HUMOUR DE CABU. WOLINSKI
WOLINSKI

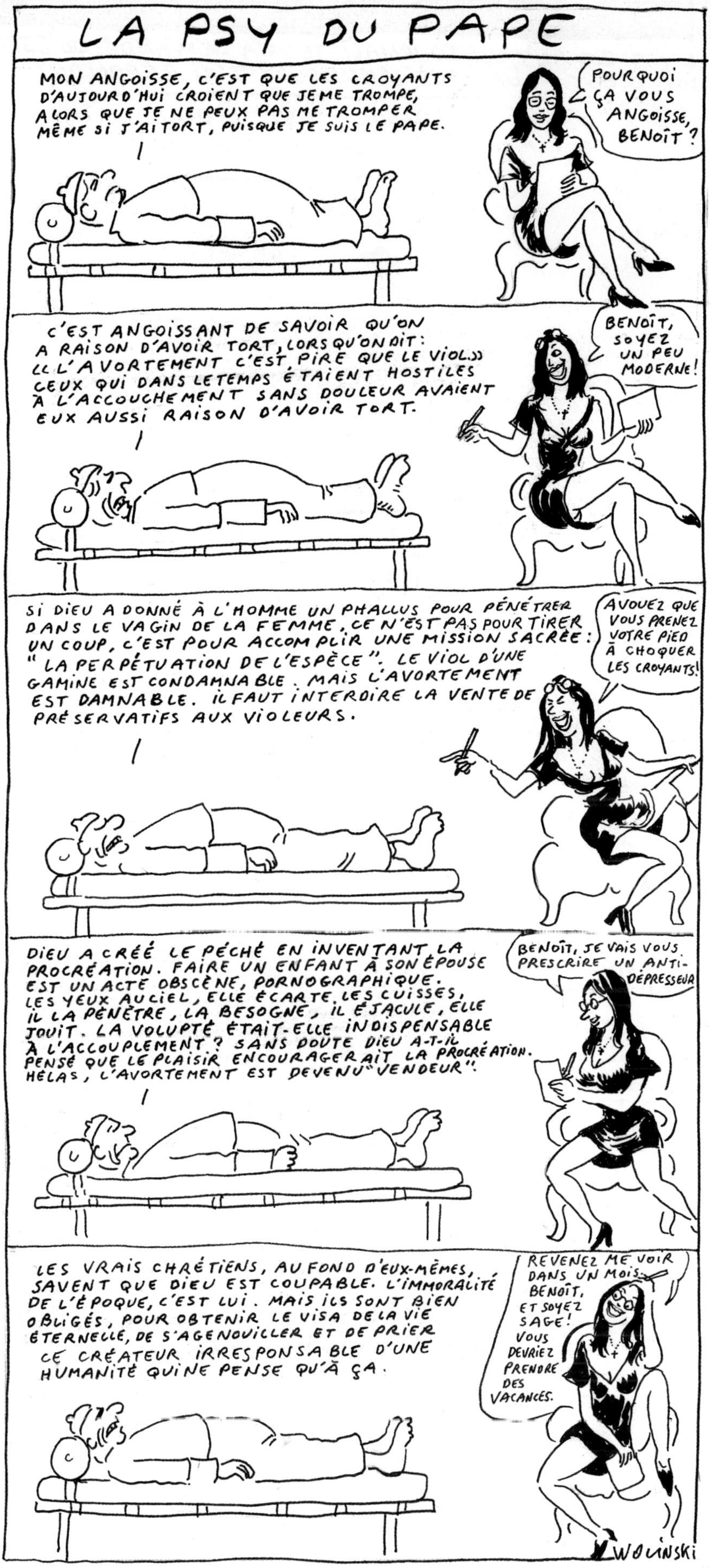
LA PSY DU PAPE
MON ANGOISSE, C'EST QUE LES CROYANTS D'AUJOURD'HUI CROIENT QUE JE ME TROMPE, ALORS QUE JE NE PEUX PAS ME TROMPER MÊME SI J'AI TORT, PUISQUE JE SUIS LE PAPE.
POURQUOI ÇA VOUS ANGOISSE, BENOÎT ?
C'EST ANGOISSANT DE SAVOIR QU'ON A RAISON D'AVOIR TORT, LORSQU'ON DIT : « L'AVORTEMENT C'EST PIRE QUE LE VIOL. » CEUX QUI DANS LE TEMPS ÉTAIENT HOSTILES À L'ACCOUCHEMENT SANS DOULEUR AVAIENT EUX AUSSI RAISON D'AVOIR TORT.
BENOÎT, SOYEZ UN PEU MODERNE !
SI DIEU A DONNÉ À L'HOMME UN PHALLUS POUR PÉNÉTRER DANS LE VAGIN DE LA FEMME, CE N'EST PAS POUR TIRER UN COUP, C'EST POUR ACCOMPLIR UNE MISSION SACRÉE : "LA PERPÉTUATION DE L'ESPÈCE". LE VIOL D'UNE GAMINE EST CONDAMNABLE. MAIS L'AVORTEMENT EST DAMNABLE. IL FAUT INTERDIRE LA VENTE DE PRÉSERVATIFS AUX VIOLEURS.
AVOUEZ QUE VOUS PRENEZ VOTRE PIED À CHOQUER LES CROYANTS !
DIEU A CRÉÉ LE PÉCHÉ EN INVENTANT LA PROCRÉATION. FAIRE UN ENFANT À SON ÉPOUSE EST UN ACTE OBSCÈNE, PORNOGRAPHIQUE. LES YEUX AU CIEL, ELLE ÉCARTE LES CUISSES, IL LA PÉNÈTRE, LA BESOGNE, IL ÉJACULE, ELLE JOUIT. LA VOLUPTÉ ÉTAIT-ELLE INDISPENSABLE À L'ACCOUPLEMENT ? SANS DOUTE DIEU A-T-IL PENSÉ QUE LE PLAISIR ENCOURAGERAIT LA PROCRÉATION. HÉLAS, L'AVORTEMENT EST DEVENU "VENDEUR".
BENOÎT, JE VAIS VOUS PRESCRIRE UN ANTI-DÉPRESSEUR
LES VRAIS CHRÉTIENS, AU FOND D'EUX-MÊMES, SAVENT QUE DIEU EST COUPABLE. L'IMMORALITÉ DE L'ÉPOQUE, C'EST LUI. MAIS ILS SONT BIEN OBLIGÉS, POUR OBTENIR LE VISA DE LA VIE ÉTERNELLE, DE S'AGENOUILLER ET DE PRIER CE CRÉATEUR IRRESPONSABLE D'UNE HUMANITÉ QUI NE PENSE QU'À ÇA.
REVENEZ ME VOIR DANS UN MOIS, BENOÎT, ET SOYEZ SAGE ! VOUS DEVRIEZ PRENDRE DES VACANCES.
WOLINSKI

LA PEUR
IL Y A 20 ANS, UN JOURNALISTE M'A DEMANDÉ : QU'EST-CE QUE C'EST POUR VOUS, L'HUMOUR ? J'AI RÉPONDU :
L'HUMOUR, C'EST SE DIRE : "JE SUIS SEUL, ET J'AI PEUR."
EN OCTOBRE 2002, ALTADIS (ANCIENNEMENT LA SEITA), DANS LE CADRE DE SES ACTIONS DE MÉCÉNAT EN FAVEUR DU DÉBAT D'IDÉES, A ORGANISÉ UN CYCLE DE CONFÉRENCES SUR LE THÈME DE LA PEUR. UN SUPPLÉMENT À LA REVUE "ESPRIT" REGROUPE DES ENTRETIENS AVEC REMO BODEI, PHILOSOPHE, FELLAG, HUMORISTE, ET ABDELLAH AHMOUDI, ANTHROPOLOGUE. JE M'ASSOIS À LEUR TABLE SANS Y ÊTRE INVITÉ.
POURQUOI L'AVENIR TE FAIT-IL SI PEUR ?
PARCE QU'IL N'Y A PLUS D'AVENIR.
BON. S'IL N'Y A PLUS D'AVENIR, PAS LA PEINE QUE JE PRÉPARE LE COUSCOUS.
IL N'Y A PLUS D'AVENIR. MAIS IL FAUT BIEN VIVRE, MA GAZELLE.
LA PEUR EST DEVENUE TENDANCE. POUR L'EXORCISER, ON L'ÉTUDIE. ET QU'EST-CE QU'ON TROUVE ? JAMAIS TU DEVINES, SUR LA VIE DE MA FEMME, JE TE JURE ! CE QUI NOUS TERRORISE, C'EST LE FASCISME, LE NAZISME, LE STALINISME, L'ISLAMISME, ET LE SARKOZYSME.
SANS OUBLIER L'INDIVIDUALISME.
L'INDIVIDUALISME EST LE PIRE ENNEMI DE LA DÉMOCRATIE.
L'INDIVIDUALISME, C'EST SE FOUTRE DE CE QUI ARRIVE AUX AUTRES.
POUR LUTTER CONTRE LA PEUR, ON A INVENTÉ LA CONNERIE. GRÂCE À INTERNET, ON OUVRE UNE FENÊTRE SUR LA CONNERIE DU MONDE ENTIER. COMME C'EST CHIC !
CROIRE AU PARADIS. AUX LENDEMAINS QUI CHANTENT. À UN MONDE MEILLEUR. ÇA AIDE !..
MAIS CE QUI AIDE LE PLUS, C'EST PICOLER EN SE GRATTANT LES COUILLES, DEVANT LA TÉLÉ.
VIEILLIR EST UN BON REMÈDE CONTRE LA PEUR. À 94 ANS, MA MÈRE N'A PLUS PEUR DE RIEN. ELLE N'A PLUS D'AVENIR, ET ELLE OUBLIE LE PASSÉ.
JE NE ME SOUVIENS PLUS DE MON MARI.
MAIS MAMAN, TU AS SA PHOTO LÀ.
AH, IL EST PAS MAL !
HA ! HA ! HA !

POUR OUBLIER LA PEUR, UN AUTRE MOYEN, C'EST D'ÊTRE OBLIGÉ DE SURVIVRE! RITHY PANH, UN RÉALISATEUR CAMBODGIEN, DANS "AUX ABORD DES FRONTIÈRES" FILME UNE FAMILLE DE SON PAYS, RÉFUGIÉE DANS UN CAMP EN THAÏLANDE. C'EST LA FEMME QUI PARLE. ELLE SE BAT DU MATIN AU SOIR POUR NOURRIR SA FAMILLE. ELLE N'A PAS LE TEMPS D'AVOIR PEUR.
JE N'AI AUCUN ESPOIR, AUCUN AVENIR... MON SEUL SOUCI C'EST DE POUSSER LES ENFANTS À ÉTUDIER. LEURS CONNAISSANCES SERONT LEUR SEULE RICHESSE, PARTOUT OÙ ILS IRONT. L'ARGENT, ON PEUT VOUS LE VOLER. LA CONNAISSANCE, PERSONNE NE PEUT VOUS L'ENLEVER.
J'AI MOINS PEUR DEPUIS QUE J'AI DÉCOUVERT QUE LA PEUR EST UN SENTIMENT TRÈS BOURGEOIS.
DÉLICIEUX, CE THÉ VERT!
WOLINSKI

LA SITUATION
AU NOM DU PEUPLE JAPONAIS, PARDON. POUR CE BORDEL NUCLÉAIRE.
EXCUSEZ-NOUS POUR LE TAUX DE RADIOACTIVITÉ EXCESSIF. ON NE L'A PAS FAIT EXPRÈS.
PRENEZ CES PASTILLES D'IODE GRATUITES. ÇA AIDE...
LES DÉBRIS DE LA CENTRALE SONT TOUJOURS DEBOUT.
IL N'Y A PAS D'ALTERNATIVE! C'EST LA SOLIDARITÉ OU LA MORT.
LA SOLIDARITÉ, C'EST DE TOUS S'UNIR POUR FOUTRE LE CAMP!
LES FRANÇAIS ONT LE SENTIMENT DE NE PLUS ÊTRE CHEZ EUX EN FRANCE.
QU'ILS AILLENT CREVER AU JAPON!
CE QUI FRAPPE LE PLUS, C'EST LE SILENCE DU MANQUE DE TRANSPARENCE.
LE VENT POUSSE LA RADIOACTIVITÉ VERS LA MER.
ÇA VA RAFRAÎCHIR LE RAYONNEMENT
MON CHÉRI N'AVAIT PAS DE MASQUE. JE LUI AI DONNÉ MA CULOTTE.
ELLE SENT LE PIPI
IL PARAÎT QU'IL Y A DES PARTICULES RADIOACTIVES DANS LA ZONE D'EXCLUSION, N'Y ALLEZ PAS!
DES VAGUES DE 10 M DE HAUT, J'EN RÊVAIS...
ARRÊTE DE SUCER LES MORTS, C'EST PAS PROPRE!
ÇA LA DÉCONTRACTE.
LA MORT, ÇA PUE
SA LANGUE EST FROIDE!
JE RENDS HOMMAGE À LA PATIENCE AVEC LAQUELLE TU SUPPORTES D'ÊTRE ÉCRASÉE SOUS LES DÉCOMBRES.
HIER, J'AI SOURI.
MES SAUVETEURS ONT UNE LUEUR DE LUBRICITÉ DANS L'ŒIL.
ON LA VIOLE?
IL FAUT LA DÉCONTAMINER D'ABORD.
ÇA SENT LE FOUTRE!
WOLINSKI

CESSEZ LE FEU!
AVANT LE FEU, ON MANGEAIT FROID.
IL PUE, CE DINOSAURE!
ON NE PEUT PAS MANGER TOUS LES JOURS DES SUSHIS!
AVANT LE FEU, ON NE BRÛLAIT PAS LES SORCIÈRES.
IL FAUT ENCADRER LES JEUNES EN DIFFICULTÉ.
SI ELLE ÉTAIT DE DROITE, ELLE NE BAISSERAIT PAS DANS LES SONDAGES
AVANT LE FEU, ON NE FUMAIT PAS DANS LES CAVERNES.
ON VIT SAINEMENT.
MAIS QU'EST-CE QU'ON SE FAIT CHIER!
AVANT LE FEU, LE MOTEUR À EXPLOSION N'EXISTAIT PAS.
BURP, J'AI BU UN VERRE DE TROP!
POURVU QU'ON N'AIT PAS UN CONTRÔLE!
AVANT LE FEU, LES FORÊTS ÉTAIENT PLEINES D'ARBRES.
JE T'AVERTIS, LA PILULE N'A PAS ENCORE ÉTÉ INVENTÉE.
J'AI UN PRÉSERVATIF EN VESSIE DE PORC.
AVANT LE FEU, LES AUTOROUTES NE SILLONNAIENT PAS LES CHAMPS.
OÙ VAS-TU?
NULLE PART.
À CAUSE DU FEU, NOUS SOMMES VICTIMES DU RÉCHAUFFEMENT CLIMATIQUE.
LA BANQUE MONDIALE A UNE VISION PESSIMISTE DE L'AVENIR.
C'EST POUR ÇA QUE MOI, JE GARDE TOUT MON POGNON EN LIQUIDE.
À CAUSE DU FEU, L'HUMANITÉ A SOIF.
QU'EST-CE QUE ÇA SERA LORSQUE TOUS LES CHINOIS AURONT UNE AUTO.
SUPPRIMONS LE FEU, ET LA TERRE REDEVIENT UN JARDIN.
ÇA MANQUE D'HOMMES.
TIENS, C'EST VRAI! OÙ SONT-ILS?
ÉTEIGNONS LE FEU, ET L'HOMME REVIENT À L'ÉTAT SAUVAGE.
ON VA FAIRE DU CAMPING TOUTE LA VIE?
SUPPRIMONS LE FEU, ET LES VILLES SERONT ABANDONNÉES
ON PART VIVRE SOUS UN ARBRE DANS LA FORÊT DE FONTAINEBLEAU.
TOUT LE XVIe EST LÀ-BAS.
ÉTEIGNONS LE FEU, ET LA TERRE SERA SAUVÉE.
ON VA FAIRE UN TOUR SUR LA TERRE?
NON, ELLE EST ENCORE TROP CHAUDE. ON REVIENDRA DANS MILLE ANS.
WOLINSKI

SYMBOLES
SALT LAKE CITY... GRAND MOMENT... IMPRESSIONNANT SILENCE... DRAPEAU DÉCHIRÉ ... ALLUMER LA FLAMME.. FEU D'ARTIFICE... MAIN SUR LE CŒUR... JE DÉCLARE OUVERTS LES JEUX... LES FRANÇAIS AFFICHENT LEURS COULEURS... MOTIVÉS! MOTIVÉS!... LA PLUS HAUTE MARCHE DU PODIUM... MOMENT CLEF DE MA VIE... DIGNITÉ... RESPECT... ENTHOUSIASME... ÉMOTION... ON SE GÈLE LES COUILLES... ..SÉCURITÉ... FOUILLE AU CORPS... 16000 GARDES... SYMBOLE D'UN PAYS QUI RELÈVE LA TÊTE.
LE TROU DU CUL DE L'AMÉRIQUE EST DEVENU LE CENTRE DU MONDE.
NOTRE ÉPOQUE NE LÉSINE PAS SUR LE SYMBOLE.
JE VIS AVEC UN SALAIRE SYMBOLIQUE.
POURQUOI AVEZ-VOUS TUÉ VOTRE ÉPOUSE ET VOS DEUX ENFANTS?
PARCE QUE J'ÉTAIS POUR EUX LE SYMBOLE DU BON À RIEN.
MÉFIONS-NOUS DE LA COLOMBE DE LA PAIX, DE LA CROIX, DE LA BALANCE DE LA JUSTICE, DES ANGES, DE L'OLIVIER, DU ♡, DE LA 卐. LES SYMBOLES NOUS PRENNENT POUR DES CONS. LES SYMBOLES SONT DANGEREUX. SIMPLIFICATEURS. LES DESSINATEURS DE PRESSE QUI SE SERVENT DE MARIANNE COMME SYMBOLE DE LA FRANCE SONT CEUX QUI ONT LE MOINS D'IDÉES. LES SYMBOLES SONT TOUJOURS AU SERVICE DES DESPOTES, DES TYRANS, ET DES FANATIQUES.
RIEN DE MOINS ALLÉGORIQUE QUE LA MERDE, ET POURTANT ELLE EST DEVENUE LE SYMBOLE DE TOUT CE QUI EST DÉPLORABLE.
EN MATIÈRE ARTISTIQUE, POÉTIQUE, AUSSI BIEN QUE POLITIQUE, LE SYMBOLISME EST UNE TENTATIVE DE CERNER CE QU'IL Y A D'INSONDABLE DANS LES ÉTATS D'ÂME, DE PORTER SUR LA SCÈNE L'INDICIBLE, ET MÊME L'INVISIBLE.
VOUS AVEZ RAISON, JE CROIS QUE JE VAIS VOTER CHEVÈNEMENT.
LES SOCIALISTES REMUENT LA MERDE.
ET NOUS, ON Y EST JUSQU'AU COU.

ST_VALENTIN. FÊTE DES AMOUREUX.
QUOI DE PLUS SYMBOLIQUE QUE CETTE JOURNÉE QUI FAIT LE BONHEUR DES MARCHANDS DE CADEAUX.

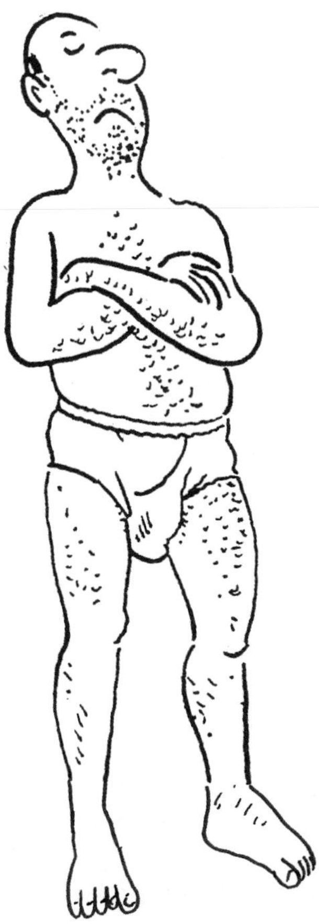

FANTASMES
WOLINSKI

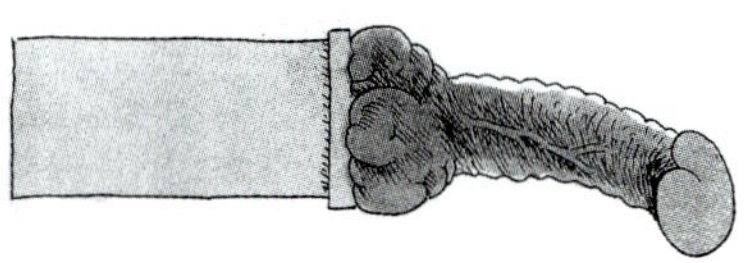

Le Beau et le Laid

ART PREMIER

2e moitié du XXe siècle
BALLON DE FOUT.
JEU PRIMITIF SOUMIS
À DES RITES PRÉCIS.

DÉBUT XIe SIÈCLE
FÉTICHE "TOUTOUYOUTOU".
MANIÈRE DE DIALOGUER
AVEC L'INVISIBLE.

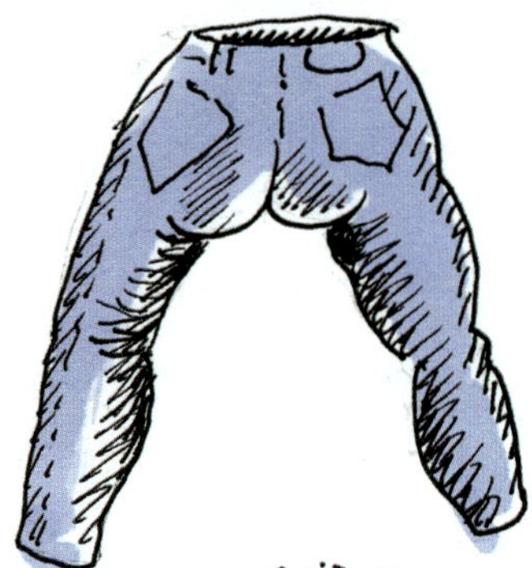

FIN XIXe SIÈCLE
BLOUGINE - VÊTEMENT
RITUEL EN COTON BLEU,
DESTINÉ À METTRE EN
VALEUR LES FESSES DES
FEMMES CHAUSSÉES
DE TALONS AIGUILLES.

DÉBUT XIXe SIÈCLE
TALISMAN DE LA TRIBU
"COCO" SYMBOLISANT
LE MYTHE DE LA LUTTE
DES CLASSES.

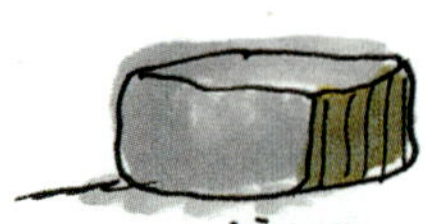

XXe SIÈCLE
PAVÉ DE MAI 68,
INCARNANT LA LUTTE
CONTRE LA SOCIÉTÉ
DE CONSOMMATION
VISANT À RÉTABLIR
L'HARMONIE DU
MONDE.

CE QUE JE DÉTESTE DANS L'ART PREMIER, C'EST QU'IL N'ÉTAIT PAS L'OEUVRE DE PLASTICIENS. SON BUT N'ÉTAIT PAS DE FLATTER L'EGO DE RICHES CONNARDS FIERS DE POUVOIR S'OFFRIR DES CHEFS-D'OEUVRE. L'ART PREMIER, C'EST DU BRICOLAGE MAGIQUE, DU RITUEL PRIMITIF, C'EST UN DIALOGUE DE L'INCULTE AVEC L'INEXPLICABLE, LE NATUREL SURNATUREL, L'INDIGÈNE RACAILLE. L'ART PREMIER ÇA FAIT PEUR ! LES PRIMITIFS N'AVAIENT PAS ENCORE LA TÉLÉ POUR OUBLIER LEUR ANGOISSE EXISTENTIELLE. ILS AVAIENT BESOIN DE FÉTICHES, DE POUPÉES, D'IDOLES. LES SORCIERS FAISAIENT FABRIQUER TOUT CE BAZAR PAR D'OBSCURS ARTISANS QUI NE SIGNAIENT MÊME PAS LEURS CRÉATIONS. CERTAINS ÉTAIENT MEILLEURS QUE D'AUTRES MAIS AUCUN NE S'EST FAIT UN NOM. LABORIEUX, ILS BRICOLAIENT DU SACRÉ, DU RESPECTUEUX HIÉRARCHIQUE. ON EXHIBAIT LES MASQUES ET LES STATUES POUR LES FÊTES LORSQU'ON OUVRAIT LES ENTRAILLES D'UN SACRIFIÉ, LORSQU'ON REJOIGNAIT ENFIN LES OMBRES DES ANCÊTRES DISPARUS. L'OBSESSION, C'EST DE COMMUNIQUER CRUELLEMENT AVEC L'INCONNU SUR SON PORTABLE. LES CHEFS ÉPUISAIENT LEURS SUJETS EN LEUR FAISANT CONSTRUIRE D'INTERMINABLES ESCALIERS NE MENANT NULLE PART. LE PEUPLE NE DOIT PAS PENSER, PLUS IL EST ABRUTI PLUS LE POUVOIR EST AUTORITAIRE. JACQUES CHIRAC, FASCINÉ PAR CETTE MANIPULATION DE MASSE, CONSTRUISIT UN TEMPLE POUR HONORER LES IDOLES. CE MONUMENT DE CONNERIE SYMBOLISE LA MODERNITÉ DU PRIMITIF. ET L'ACTUALITÉ DU MÉCONNU. COMME LE MONDE ÉTAIT SIMPLE AVANT L'INVENTION DE LA PHILOSOPHIE ! LES OBJETS AVAIENT RÉPONSE À TOUT. LES OBJETS SONT-ILS ENCORE « LA CLEF DU DÉCHIFFREMENT DU MONDE D'AUJOURD'HUI » COMME LE PRÉTEND STÉPHANE MARTIN, PRÉSIDENT DU MUSÉE DU QUAI BRANLY ?
ALORS, ET MA PEINTURE NOIRE, C'EST POUR QUAND ?
ATTENDS UN PEU. J'AI ENCORE 3 PEINTURES BLANCHES À FAIRE POUR CLAUDE BERRI.
SPLASH
DU 22 JUIN AU 23 JUILLET : "ENCRES ET FOUTRE", EXPO D'ALEX BARBIER. 6, RUE DES PANOYAUX. PARIS XXe. LIBRAIRIE-GALERIE "LE MONTE-EN-L'AIR".

ART CONTEMPORAIN
(SPÉCIAL FIAC)

GRIBOUILLIS

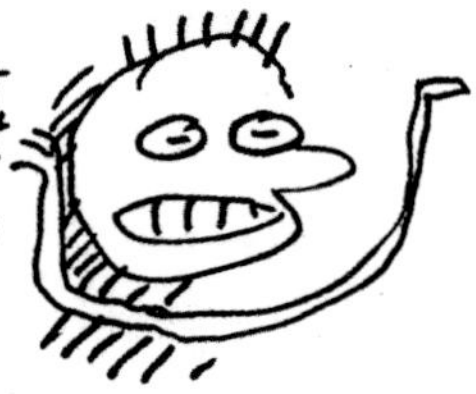

AMBITION ULTIME DE LA NULLITÉ INDICIBLE. LE VIDE DU NON-ART. LE REFUS DU BEAU. L'EXALTATION DE LA PARESSE ET DE L'INCULTURE CONSIDÉRÉES COMME FAISANT LE QUOTIDIEN DE DEMAIN.

NAUSÉE

EXPULSION DU PLUS PROFOND DE NOS ENTRAILLES. HARICOTS DU JARDIN, JAMBON BRAISÉ, TOMATES. BILE, AIGREUR, FLUX, REFLUX ENTRE INTÉRIEUR ET EXTÉRIEUR. L'ŒUVRE COMMUNIQUE AVEC LE MONDE GRÂCE AU REJET.

EMBALLAGE

J'ÉTAIS INVITÉ PAR RICARD ET "BEAUX-ARTS MAGAZINE" AU "BAL JAUNE" À LA SALLE WAGRAM. LES HÔTESSES DÉGUISÉES EN SAUCISSES PORTAIENT DE GRANDES CULOTTES BLANCHES SOUS LEURS HOUSSES, POUR RECEVOIR LES TRÈS BLASÉS JACQUES, LANG ET TOUBON. D'AILLEURS LE DÎNER-BUFFET ÉTAIT RÉSERVÉ AUX TRÈS BLASÉS. NOUS AVONS PICORÉ DES DÉS À COUDRE DE RATATOUILLE, DES PANINIS NAINS, LÉCHÉ DES MOISISSURES FONGUEUSES, DU FOIE GRAS PARFUMÉ AU NESQUIK. SEUL LE RICARD ÉTAIT BON, SINON LES PAUVRES N'EN ACHÈTERAIENT PAS.

NUQUE

JE ME SUIS ATTARDÉ DEVANT L'ÉTONNANT SUPPORT D'UNE SURFACE VELOUTÉE À LA TONALITÉ DORÉE. TOUCHE D'HUMOUR ! UN PETIT POINT DE BEAUTÉ ÉVOQUANT DISCRÈTEMENT LA RÉALITÉ TRANSCENDANTE D'UN INVISIBLE DÉVOILÉ.

VENT – C'EST CE QU'IL Y A DE PLUS NOUVEAU DANS CETTE FIAC. IL BALAYE LA COUR DES GRANDS. (AU-DELÀ DE UN MILLION DE FRANCS.)

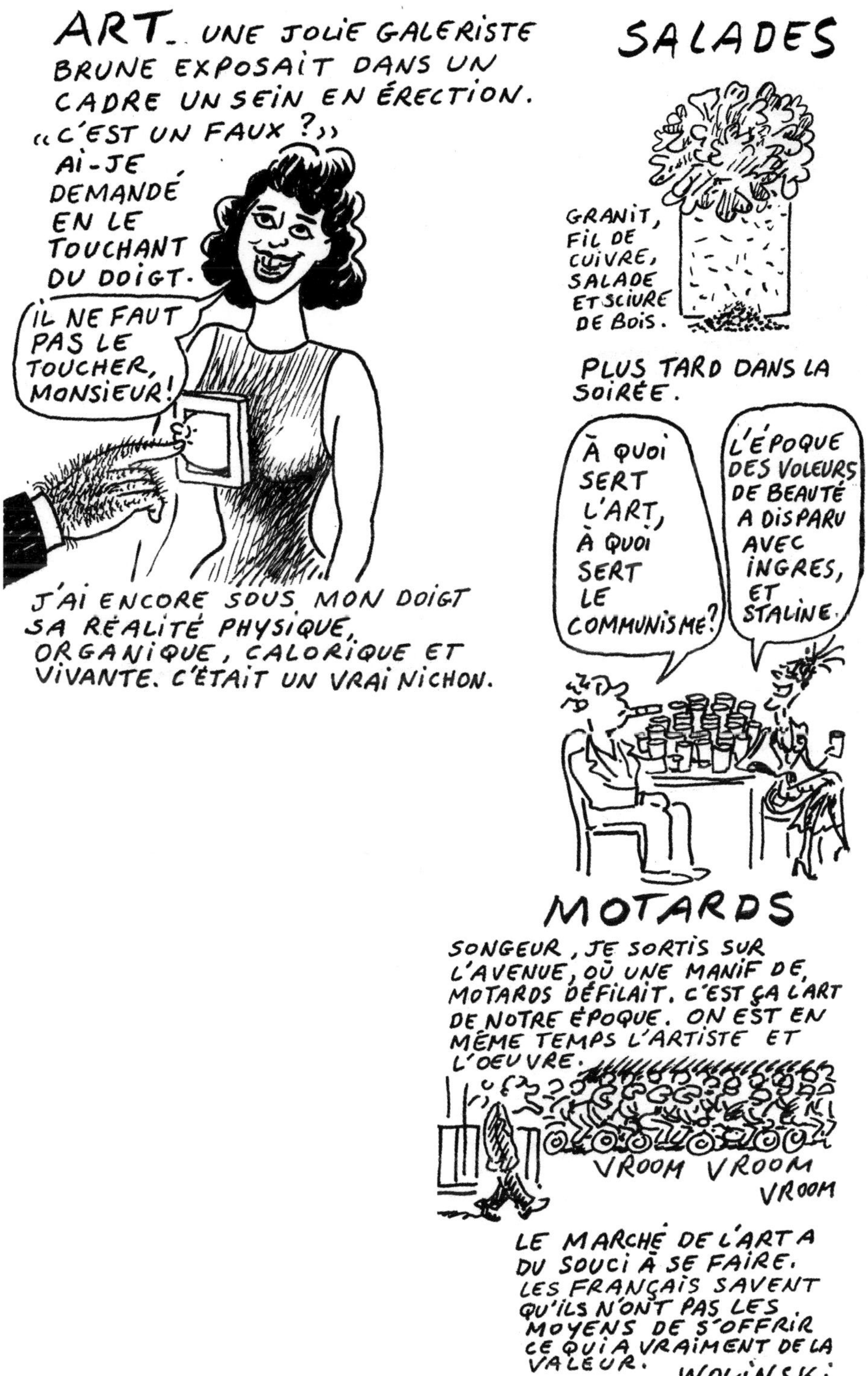
ART. UNE JOLIE GALERISTE BRUNE EXPOSAIT DANS UN CADRE UN SEIN EN ÉRECTION.
« C'EST UN FAUX ? » AI-JE DEMANDÉ EN LE TOUCHANT DU DOIGT.
IL NE FAUT PAS LE TOUCHER, MONSIEUR !
J'AI ENCORE SOUS MON DOIGT SA RÉALITÉ PHYSIQUE, ORGANIQUE, CALORIQUE ET VIVANTE. C'ÉTAIT UN VRAI NICHON.
SALADES
GRANIT, FIL DE CUIVRE, SALADE ET SCIURE DE BOIS.
PLUS TARD DANS LA SOIRÉE.
À QUOI SERT L'ART, À QUOI SERT LE COMMUNISME ?
L'ÉPOQUE DES VOLEURS DE BEAUTÉ A DISPARU AVEC INGRES, ET STALINE.
MOTARDS
SONGEUR, JE SORTIS SUR L'AVENUE, OÙ UNE MANIF DE MOTARDS DÉFILAIT. C'EST ÇA L'ART DE NOTRE ÉPOQUE. ON EST EN MÊME TEMPS L'ARTISTE ET L'OEUVRE.
VROOM VROOM VROOM
LE MARCHÉ DE L'ART A DU SOUCI À SE FAIRE. LES FRANÇAIS SAVENT QU'ILS N'ONT PAS LES MOYENS DE S'OFFRIR CE QUI A VRAIMENT DE LA VALEUR.
WOLINSKI

VIVE HOPPER!
TOUS LES MÉDIAS FRANÇAIS ENCENSENT HOPPER, LE PEINTRE DE LA NORMALITÉ AMÉRICAINE. NOTRE PRÉSIDENT "NORMAL" DOIT APPRÉCIER CET ART DE NE RIEN DIRE.
JE FAIS DE LA RÉTENTION D'EAU. JE N'AURAIS PAS DÛ MANGER UN MELON. IL FAUT QUE JE PERDE 2 KILOS.
HOPPER PEINT SA FEMME. LE CORPS EST PAS MAL, MAIS ELLE A UNE TÊTE D'ÉPOUSE.
IL Y A UN MEC AVEC UN CHAPEAU QUI ME DESSINE DANS SA BAGNOLE. ÇA M'ÉNERVE. JE VAIS ALLER CHERCHER MON COLT...
CE BISTROT RESSEMBLE A UNE PEINTURE DE HOPPER.
QUI C'EST, HOPPER?
QUATRE PERSONNES, LA NUIT, DANS UN SNACK, C'EST TOUT. ET SI ON ALLAIT SE COUCHER?
EH! TU AS OUBLIÉ TA CULOTTE...
UNE FEMME NUE SUR UNE SCÈNE. EN PLEINE LUMIÈRE! HOPPER PEINT LA LUMIÈRE.
HOPPER RESSEMBLE À SON AUTOPORTRAIT. À QUOI PENSE-T-IL?
À RIEN.
WOLINSKI

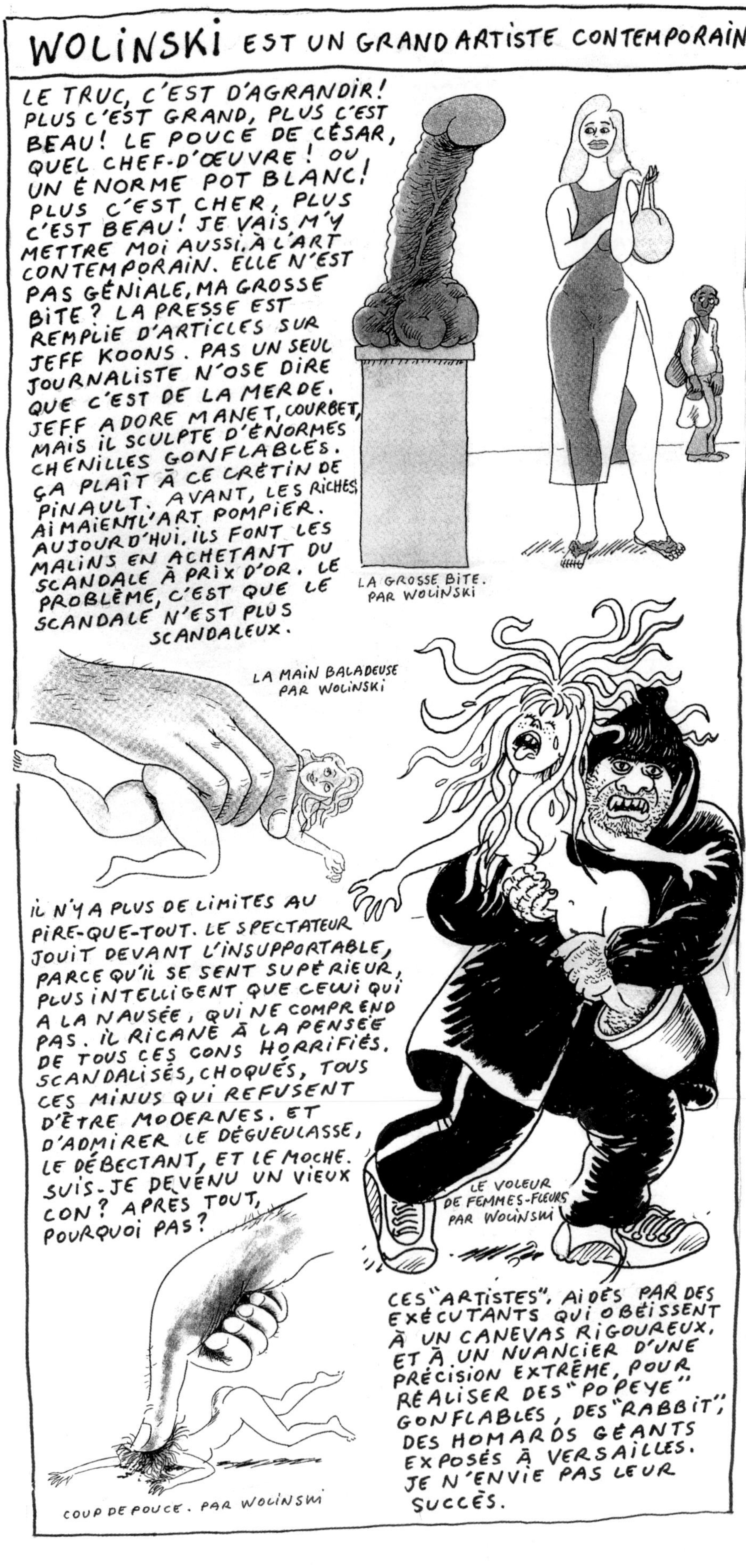
WOLINSKI EST UN GRAND ARTISTE CONTEMPORAIN.
LE TRUC, C'EST D'AGRANDIR! PLUS C'EST GRAND, PLUS C'EST BEAU! LE POUCE DE CÉSAR, QUEL CHEF-D'ŒUVRE! OU UN ÉNORME POT BLANC! PLUS C'EST CHER, PLUS C'EST BEAU! JE VAIS M'Y METTRE MOI AUSSI, À L'ART CONTEMPORAIN. ELLE N'EST PAS GÉNIALE, MA GROSSE BITE? LA PRESSE EST REMPLIE D'ARTICLES SUR JEFF KOONS. PAS UN SEUL JOURNALISTE N'OSE DIRE QUE C'EST DE LA MERDE. JEFF ADORE MANET, COURBET, MAIS IL SCULPTE D'ÉNORMES CHENILLES GONFLABLES. ÇA PLAÎT À CE CRÉTIN DE PINAULT. AVANT, LES RICHES AIMAIENT L'ART POMPIER. AUJOURD'HUI, ILS FONT LES MALINS EN ACHETANT DU SCANDALE À PRIX D'OR. LE PROBLÈME, C'EST QUE LE SCANDALE N'EST PLUS SCANDALEUX.
LA GROSSE BITE. PAR WOLINSKI
LA MAIN BALADEUSE PAR WOLINSKI
IL N'Y A PLUS DE LIMITES AU PIRE-QUE-TOUT. LE SPECTATEUR JOUIT DEVANT L'INSUPPORTABLE, PARCE QU'IL SE SENT SUPÉRIEUR, PLUS INTELLIGENT QUE CELUI QUI A LA NAUSÉE, QUI NE COMPREND PAS. IL RICANE À LA PENSÉE DE TOUS CES CONS HORRIFIÉS, SCANDALISÉS, CHOQUÉS, TOUS CES MINUS QUI REFUSENT D'ÊTRE MODERNES. ET D'ADMIRER LE DÉGUEULASSE, LE DÉBECTANT, ET LE MOCHE. SUIS-JE DEVENU UN VIEUX CON? APRÈS TOUT, POURQUOI PAS?
LE VOLEUR DE FEMMES-FLEURS PAR WOLINSKI
COUP DE POUCE. PAR WOLINSKI
CES "ARTISTES", AIDÉS PAR DES EXÉCUTANTS QUI OBÉISSENT À UN CANEVAS RIGOUREUX, ET À UN NUANCIER D'UNE PRÉCISION EXTRÊME, POUR RÉALISER DES "POPEYE" GONFLABLES, DES "RABBIT", DES HOMARDS GÉANTS EXPOSÉS À VERSAILLES. JE N'ENVIE PAS LEUR SUCCÈS.

FINALEMENT, ÊTRE UN VIEUX CON, ET DIRE COMME INGRES: «N'ÉTUDIEZ LE BEAU QU'À GENOUX», ÇA NE ME DÉPLAÎT PAS...
JE SUIS UN HOMME HONNÊTE, C'EST ÇA MON PROBLÈME. ÇA NE M'A JAMAIS TENTÉ DE PLAIRE AUX CONS, ET MES AMIS SONT COMME MOI.
COUP DE PINCEAU: PAR WOLINSKI
WOLINSKI

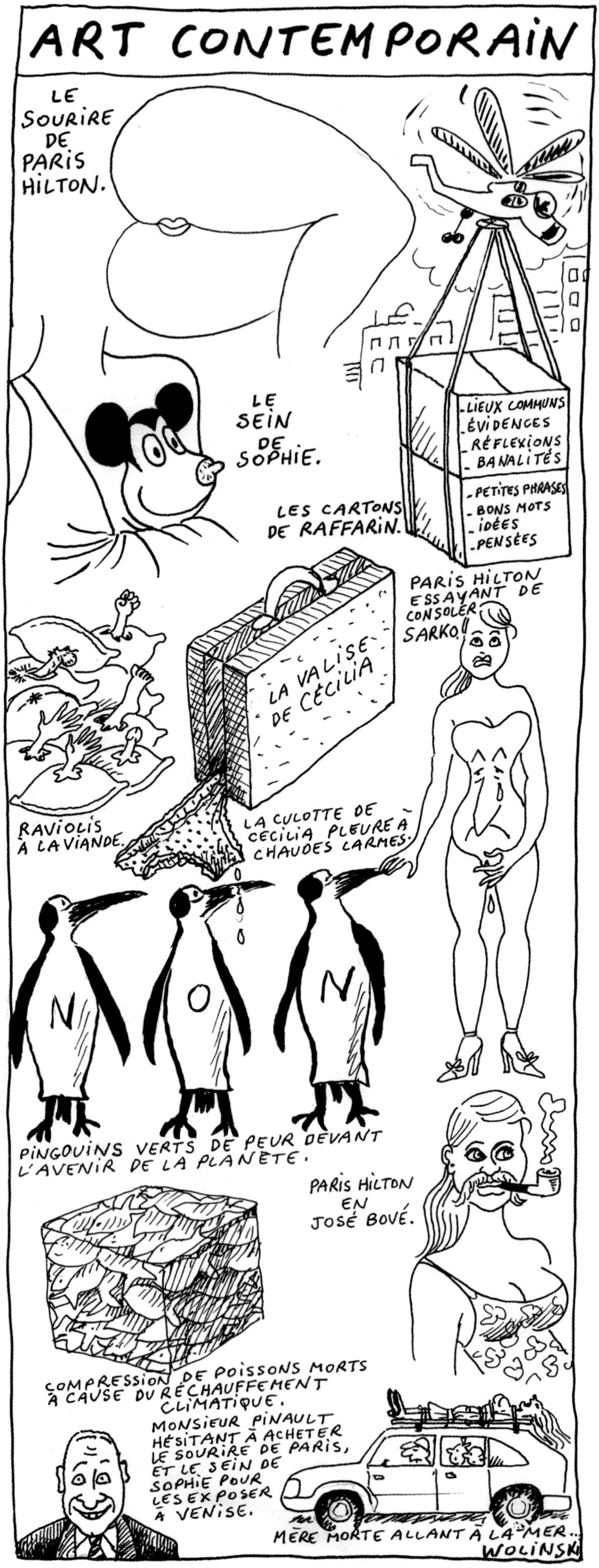
ART CONTEMPORAIN
LE SOURIRE DE PARIS HILTON.
LE SEIN DE SOPHIE.
LIEUX COMMUNS
ÉVIDENCES
RÉFLEXIONS
BANALITÉS
PETITES PHRASES
BONS MOTS
IDÉES
PENSÉES
LES CARTONS DE RAFFARIN.
LA VALISE DE CÉCILIA
PARIS HILTON ESSAYANT DE CONSOLER SARKO !
RAVIOLIS À LA VIANDE.
LA CULOTTE DE CÉCILIA PLEURE À CHAUDES LARMES.
N
O
N
PINGOUINS VERTS DE PEUR DEVANT L'AVENIR DE LA PLANÈTE.
PARIS HILTON EN JOSÉ BOVÉ.
COMPRESSION DE POISSONS MORTS À CAUSE DU RÉCHAUFFEMENT CLIMATIQUE.
MONSIEUR PINAULT HÉSITANT À ACHETER LE SOURIRE DE PARIS, ET LE SEIN DE SOPHIE POUR LES EXPOSER À VENISE.
MÈRE MORTE ALLANT À LA MER...
WOLINSKI

SUR LE BANC
J'AI DÉMÉNAGÉ. EN FACE DE MON NOUVEL APPARTEMENT. IL Y A UN BANC. SUR CE BANC, IL Y A UN CLOCHARD QUI POUSSE DES CRIS DE HAINE.
LES JEUNES, LES VIEUX, LES FEMMES. VOUS POUVEZ TOUS CREVER, ORDURES!
ROCHE BOBOIS
TRAVAIL, FAMILLE, PATRIE, LIBERTÉ, ÉGALITÉ, FRATERNITÉ. C'EST DE LA MERDE! MOI, JE SUIS TOUT SEUL, JE SUIS RIEN, PERSONNE NE M'AIME. JE SUIS MÉCHANT!
ROCHE BOBOIS
LA SEULE IDÉE QUI ME FAIT DU BIEN. C'EST QUE CEUX QUI VIVENT BIEN CRÈVERONT COMME CEUX QUI VIVENT MAL! MOI, JE N'AI JAMAIS VÉCU. TOUT LE MONDE S'EN FOUT! LE MONDE AUSSI VA MOURIR. TANT MIEUX! JE M'EN FOUS DU MONDE. JE SUIS MORT!
ROCHE BOBOIS
CE MATIN LE BANC A DISPARU. AH, NON, JE LE VOIS! IL EST DERRIÈRE LA VITRINE DU MAGASIN DE MEUBLES. LE CLOCHARD EST COUCHÉ DESSUS. UN MONSIEUR DISTINGUÉ ENTRE DANS LA BOUTIQUE. C'EST MONSIEUR PINAULT.
MONSIEUR PINAULT A TOUT ACHETÉ: LE MAGASIN, LE BANC, ET LE CLOCHARD. IL VA EXPOSER TOUT À VENISE. C'EST PAS MOI QUI IRAI VOIR ÇA.
WOLINSKI

LE BEAU ET LE LAID
J'ÉTAIS À ANGOULÊME LA SEMAINE DERNIÈRE, COUCHÉ DANS MA CHAMBRE D'HÔTEL MERCURE. FATIGUÉ, ENRHUMÉ, EMBRUMÉ, SOMNOLENT, REGARDANT LE PORNO DE PAY TV. SUR L'ÉCRAN, UNE JOLIE JAPONAISE FAIT DES MINES, ENFILÉE SUR LA GROSSE PINE D'UN MARIN TATOUÉ. JE SUIS TOUT DE MÊME ALLÉ À LA RÉUNION DES GRANDS PRIX. 21 GÉNIES : BILAL, MOEBIUS, MUÑOZ, VEYRON. ETC. TRÈS VITE, BARU A GAGNÉ. ON ÉTAIT TOUS CONTENTS. MÊME CEUX QUI N'ONT PAS VOTÉ POUR LUI. MOEBIUS A FAIT UN PETIT DESSIN MARRANT DE LA RÉUNION. MOEBIUS A DES CARNETS SECRETS OÙ IL DESSINE LES AVENTURES D'ARZAK. UN PERSONNAGE QUI VIT DANS UN MONDE À PART. MOEBIUS DESSINE COMME UN DIEU. À ANGOULÊME LES DESSINATEURS SONT BEAUX, INTELLIGENTS, PLEINS D'HUMOUR. PARFOIS TROP, COMME BLUTCH.
DISNEY
MOEBIUS
EN FACE DE MOI, BILAL A DESSINÉ SON VISAGE. IL ME SOURIT.
20
10
ARZAK ET L'AMOUR
DEPUIS QUE JE SUIS ENFANT, J'AIME LE DESSIN, ET LA BD. AUJOURD'HUI, LES DESSINATEURS NE DESSINENT PLUS POUR LES GAMINS. LA BD EST DEVENUE ADULTE.
LES TRAITS DE MES AMIS D'ANGOULÊME SONT MAGIQUES. LES GRANDS ARTISTES DE L'ÉPOQUE, CE SONT EUX. LES PALAIS DE LA CULTURE LE COMPRENDRONT UN JOUR.
MOEBIUS

DANS "LIBÉ", SEPT PAGES ! DE BAVARDAGES, ET DE
PHOTOS SANS INTÉRÊT, CONSACRÉES À BOLTANSKI,
UN PLASTICIEN. SES ŒUVRES SONT TRISTEMENT CON-
TEMPORAINES. D'ÉNORMES TAS DE VÊTEMENTS D'OCCA-
SION, DES PHOTOS CONFUSES, DES BOÎTES À
BISCUITS, DES BOULETTES EN TERRE, DES FRAGMENTS
DE SOUVENIRS, DES SUCRES TAILLÉS, ETC. L'ATELIER
OÙ IL FABRIQUE CE NÉANT EST DÉSERT. MAIS IL
EXPOSE AU GRAND PALAIS, ET AUSSI DANS "LIBÉ",
UN FLOT VASEUX DE PAROLES ALCOOLISÉES, DE LIEUX
COMMUNS SÉNILES, ENFIN, POUR MOI ! CERTAINS
À "CHARLIE HEBDO" TROUVENT QU'IL Y A DE L'ATMOSPHÈRE
DANS SON INSTALLATION ! DÉCIDÉMENT L'ART
CONTEMPORAIN ME DÉBECTE. BOLTANSKI
EST UN MALIN, IL N'EST PAS BÊTE. IL A COMPRIS
CETTE ÉPOQUE OÙ LE FRIC DES BONUS PERMET
D'ACHETER DE LA PROVOCATION.

— WOLINSKI

RENTRÉE LITTÉRAIRE
TON LIVRE EST RÉPUGNANT !
« LE ROMAN D'UN VIOLEUR », C'EST DANS L'AIR DU TEMPS.
COMMENT AS-TU OSÉ ÉCRIRE DE PAREILLES HORREURS ! TU N'AS PAS HONTE ?
FRANÇOIS HOLLANDE A DIT QU'IL NE FALLAIT PAS AVOIR PEUR D'AFFRONTER LA RÉALITÉ.
RIEN NE MANQUE, L'INCESTE, LA PÉDOPHILIE.. C'EST IGNOBLE ! ET EN PLUS LES VICTIMES SONT CONSENTANTES !
BON, BON, D'ACCORD, RENDS-MOI MON MANUSCRIT.
TE LE RENDRE ? MAIS JE N'AI JAMAIS DIT QUE J'ALLAIS TE LE RENDRE !
JE RÊVE ! TU NE VAS TOUT DE MÊME PAS ÉDITER MES SALOPERIES
HÉLAS ! JE SUIS SÛR QUE ÇA VA BIEN SE VENDRE !
FAIS-MOI UN BON CONTRAT. JE T'AIME !
WOLINSKI

GALLIMARD "OH..." UN ROMAN DE PHILIPPE DJIAN
QUE FAIT UNE FEMME QUI S'EST FAIT VIOLER? MICHÈLE PREND UN BAIN, ET SE FAIT LIVRER DES SUSHIS.
LE SOIR, ELLE REÇOIT UN MESSAGE DE SON VIOLEUR. « JE T'AI TROUVÉE TRÈS ÉTROITE POUR UNE FEMME DE TON ÂGE, MAIS BON. » ELLE VA ACHETER DES BOMBES AU POIVRE DANS UNE ARMURERIE. MICHÈLE A UN FILS, UN MARI, UNE MÈRE OBSÉDÉE, UN PÈRE CRIMINEL EN PRISON, UN OU DEUX AMANTS, MAIS ELLE VIT SEULE.
RICHARD, TU ME TROUVES PARTICULIÈMENT ÉTROITE ?
JE NE DIRAIS PAS QUE TU ES ÉTROITE ... TU ES ENTRE LES DEUX, AUTANT QUE JE SACHE.
MICHÈLE CORRIGE DES SCÉNARIOS POUR DES FILMS TÉLÉ. SON VIOLEUR LUI ENVOIE DES MESSAGES. « TIENS-TOI PRÊTE, MICHÈLE. » DJIAN JOUE AVEC LES NERFS DE SON PERSONNAGE IMPRÉVISIBLE. ON SENT QU'IL L'AIME. ELLE N'A AUCUN SOUVENIR DE L'HOMME CAGOULÉ COMME UNE "PUSSY RIOT" QUI L'A PLAQUÉE AU SOL, ET QUI LUI A DÉCHIRÉ SAUVAGEMENT SA CULOTTE.
...JE CROIS QUE JE SUIS FOLLE. JE CROIS QUE J'AIMERAIS QU'IL SOIT LÀ, TAPI DANS L'OMBRE. ET QUE NOUS EN VENIONS AUX MAINS...
LES FENÊTRES DU VOISIN SONT ALLUMÉES.
LE VOISIN! C'EST PEUT-ÊTRE LUI. IL TOURNE AUTOUR DE MICHÈLE. IL EST TROP GENTIL. MAIS IL FUIT LORSQUE MALADROITEMENT ELLE S'OFFRE À LUI. QU'EST-CE QUE C'EST, SON PROBLÈME?
NON! NON!
PLUSIEURS FOIS, ELLE ESSAIE DE VIOLER SON VIOLEUR, MAIS IL FUIT, DÈS QU'IL SENT QU'ELLE NE DEMANDE QUE ÇA! JUSQU'À CE QU'IL LUI AVOUE APRÈS L'AVOIR BATTUE, ÉTRANGLÉE, SODOMISÉE
JE NE BANDE PAS AUTREMENT, VOUS COMPRENEZ?
MICHÈLE A COMPRIS. MOI AUSSI. ET J'ÉCLATE DE RIRE LORSQUE VINCENT, LE FILS DE MICHÈLE, SURGIT, ET CROYANT DÉFENDRE SA MÈRE, EXPLOSE LE CRÂNE DU VIOLEUR CAGOULÉ AVEC UNE GROSSE BÛCHE. PENDANT QU'ELLE HURLE DE PLAISIR, EN JOUISSANT COMME UNE FOLLE. C'EST FINI. ENFIN, ON NE SAIT PAS. MERCI, DJIAN. TU MÉRITES BEAUCOUP DE LECTRICES. ELLES VONT ADORER!
WOLINSKI

PLAYTiME

PLAYTIME

RUE DE PONTHIEU. TOUT SEUL DANS UNE PIZZERIA, JACQUES TATI N'ATTENDAIT PERSONNE. CE FUT NOUS QUI ARRIVÂMES: JACQUES, PHILIPPE, MARTINE, MARYSE, ET MOI. ON SE CONNAISSAIT UN PEU. COMME UN NAUFRAGÉ, JACQUES TATI S'ACCROCHA À NOTRE ZODIAC, CARESSÉ PAR LES VAGUES DES HANCHES DOUCES, ET LE SOUFFLE CHAUD DE LA BRISE DES LÈVRES ENTROUVERTES SUR DES LANGUES ROSES EN EMBUSCADE. IL SE MIT À DÉGOISER DES CHOSES IMPORTANTES.

NOUS AVONS MASTIQUÉ DES CALAMARS, ENGLOUTI DES SPAGHETTIS CON LE VONGOLE, BU DU CHIANTI, DU LIMONCELLO PER LE DONNE, ET DE LA GRAPPA POUR LES MECS. JE CONTEMPLAIS SES MAINS GONFLÉES, SON GRAND CORPS EMBARRASSÉ. J'ÉCOUTAIS SA VOIX FAIBLE. CHERCHANT LA VÉRITÉ. LA VÉRITÉ! LE SAVOIR, L'HUMOUR. COMMENT ÊTRE DRÔLE SANS PROVOCATION, OUTRANCE, RICANEMENT, GROSSIÈRETÉ, AIGREUR, SANS CUL, MAIS AVEC AMOUR. EN NE MONTRANT QUE LES GENS COMME ILS SONT. EST-CE POSSIBLE? HULOT A MONTRÉ QUE C'EST POSSIBLE.

TATI A DIT LE CINÉMA DU CINÉMA. LA DIFFICULTÉ D'ÊTRE UN CRÉATEUR. LA LUTTE! LA LUTTE SOURNOISE, LA LUTTE ENTRE LE COMMERCIAL ET LE GÉNIAL. IL A DIT: « UN JOUR, YVES MONTAND, YVES MONTAND! M'A DÉCLARÉ: SI DANS UN DE VOS FILMS, VOUS AVEZ BESOIN DE MOI, NE SERAIT-CE QUE POUR OUVRIR UNE PORTE, J'OUVRIRAI LA PORTE. » TATI ÉTAIT CONTENT QU'YVES LUI AIT DIT ÇA. MOI AUSSI. IL NOUS A CONFIÉ QU'IL TRAVAILLAIT SUR UN NOUVEAU FILM. LE TEMPS DE TOURNAGE IMPORTE PEU, A-T-IL DIT, EN HAUSSANT LES ÉPAULES, ET EN ALLUMANT SA PIPE. ON POUVAIT EN CE TEMPS-LÀ (C'ÉTAIT LES ANNÉES 80). LE TITRE DU FILM, CE SERA « CONFUSION ». DEPUIS QUE HULOT EST MORT, LE TOURNAGE SERA PLUS FACILE POUR MOI. IL Y EUT UN SILENCE. UNE BOUFFÉE DE TABAC. IL CONTINUA: « AVANT DE MOURIR, HULOT A TUÉ PLAYTIME »

JE ME SOUVIENS D'AVOIR PLUS RI LORSQUE COLUCHE M'A MIMÉ LES SCENES DE CE CHEF-D'ŒUVRE, QUE LORSQUE JE L'AI VU.

EN RENTRANT CHEZ NOUS, VERS MINUIT, J'AI ÉCRIT CE TEXTE AU CRAYON. ET PUIS J'AI REJOINT MA FEMME, ET JE L'AI PRISE DANS MES BRAS.

TATI EST MORT EN 1982.

WOLINSKI

EXPOSITION JACQUES TATI « DEUX TEMPS, TROIS MOUVEMENTS »
CINÉMATHÈQUE FRANÇAISE. 51 RUE DE BERCY - 75012 PARIS
MÉTRO BERCY.

LES INTELLOS DU CAFÉ DE FLORE
SARKOZY ME MÉPRISE. RAFFARIN ME DÉDAIGNE. PARCE QUE, DISENT-ILS, JE SUIS TOUT LE TEMPS EN TRAIN DE DIRE DU MAL D'EUX.
LIBÉRATION
LA DROITE CROIT AVOIR COMPRIS QU'IL FALLAIT PLAIRE AUX CONS. LES CONS, POUR LA DROITE, C'EST LA PROVINCE, LES PLOUCS, LES NOTABLES, LES PME, LES PÉTASSES AVEC LE FOULARD HERMÈS, LE ROTARY - LE GOLF - LES RETRAITÉS.
"LES 35 HEURES FAVORISENT L'ALCOOLISME ET LA VIOLENCE CONJUGALE" DISENT LES PENSEURS DE DROITE. PEUT-ÊTRE ? MAIS SI LA DÉMOGRAPHIE NE BAISSE PAS EN FRANCE, C'EST PEUT-ÊTRE GRÂCE AU TEMPS GAGNÉ.
ELLES N'ONT PAS L'AIR SI MALHEUREUSES, TOUTES CES JOLIES FEMMES QUI PASSENT EN EXHIBANT FIÈREMENT LEURS VENTRES FÉCONDÉS PAR DES BRUTES AVINÉES.
JE SALUE TROTSKI QUI S'INSTALLE DANS UN COIN, ET FIDEL CASTRO QUI DISCUTE AVEC MON AMI RAFFY. RAFFY VIENT D'ÉCRIRE UN GROS LIVRE OÙ IL DÉCRIT TOUTES LES TURPITUDES DE FIDEL. FIDEL NE LUI EN VEUT PAS, IL SAIT BIEN QU'AUCUN ÉDITEUR N'AURAIT ACCEPTÉ DE PUBLIER UN LIVRE OÙ ON DIRAIT DU BIEN DE LUI. ET PUIS AUCUN CUBAIN NE LIRA LE LIVRE..
C'EST COMME LE JOURNAL "LE MONDE". IL FAUT ABSOLUMENT DIRE QU'IL N'EST PLUS CE QU'IL ÉTAIT : UNE RÉFÉRENCE, UN CONTRE-POUVOIR, NON ! C'EST UN JOURNAL HYPOCRITE, TENDANCIEUX, OÙ L'INVESTIGATION DÉRAPE VERS LA DÉNONCIATION.
ÇA NE M'EMPÊCHE PAS DE L'ACHETER TOUS LES JOURS. VIVRE AVEC DES CONTRADICTIONS, C'EST PLUS HONNÊTE QUE VIVRE AVEC DES CERTITUDES.
le monde
ÊTRE UN SOIXANTE-HUITARD ATTARDÉ, C'EST RINGARD. PARCE QUE C'EST RINGARD D'AVOIR RAISON. C'EST RINGARD D'ÊTRE LUCIDE, DE COMPRENDRE... LA DROITE EST AU POUVOIR PARCE QU'ELLE RÉFLECHIT, MAIS NE PENSE PAS. LA GAUCHE PENSE, MAIS ELLE NE DIT PAS CE QU'ELLE PENSE.
LA DROITE PROVINCIALE, CUL-BÉNIT, RICHARDE, ÉDUQUÉE, INCULTE, REAC, GOUVERNE LA FRANCE AVEC LA SOURNOISERIE D'UN PATRON DE PME. ÇA LES ARRANGE, LE PESSIMISME AMBIANT. UN PEUPLE SANS ESPOIR SE RÉSIGNE PLUS FACILEMENT.
« PENDANT QUE LES AUTRES DISENT DU MAL DE MOI DANS LES RESTAURANTS PARISIENS, J'AI RENCONTRÉ 1200 PERSONNES, AU BAS MOT. » DÉCLARE SARKOZY AU "PARISIEN LIBÉRÉ". NOUS RICANONS DE SCHWARZENEGGER. MAIS L'HYPERACTIF ET OMNIPRÉSENT SARKONEGGER N'EST PAS SI LOIN DE LUI.
LE MATIN, LES FEMMES DÉFILENT SORTANT DU MÉTRO. ELLES ALLUMENT LEUR PREMIÈRE CIGARETTE, LES YEUX DANS LE VAGUE, SE DIRIGEANT SOMNAMBULIQUEMENT VERS LEURS ADMINISTRATIONS, LEURS BOUTIQUES, LEURS MINISTÈRES, LA FACULTÉ DE MÉDECINE... CERTAINES SENTANT QUE JE LES REGARDE ME JETTENT UN RAPIDE REGARD.
WOLINSKI

L'ENTERREMENT DE CLAUDE
J'AI CONNU CLAUDE BERRI À L'ÉPOQUE OÙ J'ÉTAIS PLUS CONNU QUE LUI. IL AVAIT LE MÊME ÂGE QUE MOI. MAIS LORSQU'IL EST MORT, IL ÉTAIT NETTEMENT PLUS ÂGÉ. DE TEMPS EN TEMPS, IL ME TÉLÉPHONAIT POUR ME DEMANDER MON AVIS SUR DES SCÉNARIOS. ON HABITAIT PAS LOIN. IL ME PRÉPARAIT UN CAFÉ DANS SA CUISINE. JE LUI DISAIS : « C'EST BIEN ! » ET JE REPARTAIS. IL M'A FAIT LIRE LES PREMIÈRES PAGES DE SON AUTOBIOGRAPHIE : « L'AUTOPORTRAIT », OÙ IL DIT TOUT LE MAL QU'IL PENSE DE LUI. J'AI BU UN CAFÉ DANS SA CUISINE, ET JE LUI AI DIT : « C'EST GÉNIAL. » LORSQUE LE LIVRE EST SORTI, J'AI FAIT MA PAGE DANS « CHARLIE HEBDO » SUR LUI. IL M'A TÉLÉPHONÉ, IL VOULAIT ACHETER MA PAGE. JE LA LUI AI DONNÉE. POUR ME REMERCIER, SON CHAUFFEUR M'A APPORTÉ UNE BOÎTE MOCHE EN ARGENT. EN 1977, IL VOULAIT FAIRE UN FILM AVEC MON LIVRE « LETTRE OUVERTE À MA FEMME ». JE N'AI PAS DIT "OUI". IL N'A PAS INSISTÉ. J'AI EU TORT. À SON ENTERREMENT, IL Y AVAIT TOUT LE CINÉMA, OU PRESQUE, AU CIMETIÈRE DE BANLIEUE.
J'AI APPELÉ MON PREMIER COURT MÉTRAGE "LE POULET" PARCE QUE J'AVAIS ENVIE DE MANGER DU POULET.
J'AI FAIM
BAROUH ATTA ADONAÏ ELOÏNOU MELEH AOLEM...
50 PHOTOGRAPHES, 50 MINISTRES DE LA CULTURE, LES FLICS, LES RABBINS, LES EX, LES REJETONS, LES AMANTS, LES MARIS, LES VIEUX SHNOCKS. DELANOË, LE DIRECTEUR DU BAZAR DE L'HÔTEL DE VILLE, M'A SERRÉ LA LOUCHE. LES SUCEUSES AUX LÈVRES BOURSOUFLÉES SERRAIENT LEURS CUISSES FRIGORIFIÉES SUR LEURS FOUFOUNES GERCÉES. ET PUIS ENFIN VINT LE TEMPS DES HOMÉLIES, DES PANÉGYRIQUES, ET DES ORAISONS FUNÈBRES. JEAN-JACQUES ANUS, RÉALISATEUR DU CHEF-D'ŒUVRE DÉGUEULASSE "SA MAJESTÉ MINOR", A PARLÉ DE LA DIMENSION DE CLAUDE. COSTA-GAVRAS A AFFIRMÉ QU'IL ÉTAIT UNIQUE. UN BARBU A VANTÉ SA FASCINATION POUR LA PEINTURE SPERMATIQUE.
LES CRÉATURES ÉCLABOUSSÉES PAR L'AMATEUR D'ART ONT SOURI, DERRIÈRE LEURS GANTS. ET PUIS ALAIN DELON A FAIT ACTE DE PRÉSENCE. ENFIN, ASTÉRIX A CREUSÉ UN TROU, ET OBÉLIX A FOUTU CLAUDE DEDANS. LES LARMES AUX YEUX, PÉTRISSANT UN KLEENEX MORVEUX, JE ME SOUVINS D'UN VOYAGE EN AVION AVEC CLAUDE...
IL ÉTAIT SILENCIEUX, ET PUIS SOUDAIN IL A MURMURÉ : « QUAND JE PENSE QUE CE SOIR, IL VA FALLOIR BAISER... » C'EST LE TITRE DE TON PROCHAIN FILM ? LUI AI-JE DEMANDÉ. ON A RI, TOUS LES DEUX. FINALEMENT, LE FILM S'EST APPELÉ « LA DÉBANDADE ».
CLAUDE BERRI
WOLINSKI

LE DERNIER VERRE DE CHORON
(CHÂTEAU BARRAIL DES GRAVES 2002 _ GÉRARD DESCRAMBES. APPELLATION CONTRÔLÉE. SANS ENGRAIS CHIMIQUES NI PESTICIDES. LE DERNIER POÈME EST SUR L'ÉTIQUETTE.
SEUL CHORON A PARLÉ À SON ENTERREMENT. JE M'EN VAIS, NOUS A-T-IL DIT. LES GONZESSES, AGITEZ VOS MOUCHOIRS. JE BOIS UN DERNIER COUP. JE FUME UNE DERNIÈRE CIGARETTE, ET JE DESCENDS DANS MA TOMBE. MAIS AVANT DE ME DÉCOMPOSER. ÉCOUTEZ CE QUE J'AI COMPOSÉ:
« VOUS ME CROIREZ SI VOUS VOULEZ, UN JOUR ÇA M'EST ARRIVÉ.
JE SUIS LE FILS D'UNE MÈRE GARDE-BARRIÈRE.
J'AI FAIT MON PREMIER ROT SUR LE PASSAGE À NIVEAU.
J'AI ÉTÉ ENFANT DE CHOEUR, ÇA M'A MARQUÉ À VIE.
JE N'OUBLIERAI JAMAIS L'ODEUR DU VIN BÉNIT.
À L'ÉCOLE J'AI CHANTÉ « MARÉCHAL NOUS VOILÀ ».
J'AI FAIT DES CAMEMBERTS ET J'AI BATTU LE BEURRE.
POUR FAIRE LE TOUR DE FRANCE, J'AI FAIT TOUS LES MÉTIERS.
TRAFIQUANT, MONTE-EN-L'AIR, MENUISIER, PLÂTRIER.
JE M'ENGAGE POUR L'INDO, JE PARS SUR LE BATEAU.
JE MANGE DU FOIE D'HOMME. ÇA FAIT DE TOI UN HOMME!
ALCOOLO ET TUBARD, JE RETROUVE MA FRANCE.
JE LANCE DE BEAUX JOURNAUX.
HARA-KIRI, LA GUEULE OUVERTE, CHARLIE HEBDO.
MAQUEREAU, GIGOLO, SÉDUCTEUR, DICTATEUR.
BADABOUM BADABOUM, ÇA FAIT TOURNER LE MOTEUR.
JE CÔTOIE DES GÉNIES, DES STARS, DES BRIGANDS ET DES FOUS.
ET JE FAIS L'OLYMPIA POUR COURONNER LE TOUT.
BADABOUM BADABOUM BOUM BOUM
ET TOUT ÇA, TOUT ÇA, POURQUOI? »
CHORON A SORTI SA BITE ET A PISSÉ SUR LES ROSES ROUGES QUE NOUS AVIONS DÉPOSÉES DANS LE TROU. IL A TIRÉ UNE DERNIÈRE BOUFFÉE DE SA CIGARETTE, ET IL A AJOUTÉ:
JE SUIS CONTENT DE PENSER QU'IL N'Y A RIEN APRÈS LA MORT PARCE QUE J'AI ENVIE DE RIEN.
UN ACCORDÉONISTE JOUAIT EN SOURDINE. C'ÉTAIT UN TRÈS BEAU MOMENT. SES FEMMES PLEURAIENT...
FOETUS DANS LE VENTRE DE MA MÈRE J'AI FUMÉ MON PREMIER CIGARE_ QUAND MON PÈRE SAUTAIT MA MÈRE, ENTRE MES LÈVRES SANS CRIER GARE RENTRAIT SA BITE, MON PÈRE. PETIT FOETUS FRIPOUILLARD, J'AIMAIS LE CIGARE DE MON PÈRE.
LA MORT, LA MORT, JE ME SOUVIENS DE LA MORT DE LA PREMIÈRE FEMME DE WOLINSKI. UNE TRÈS BELLE FILLE. UN JOUR, IL EST PARTI EN AUTO AVEC ELLE. ELLE A EU PEUR D'UN CHIEN, ET ELLE S'EST PLANTÉE CONTRE UN ARBRE. ET PUIS FOURNIER... ON EST ARRIVÉS BOURRÉS À LA FIN DE L'ENTERREMENT. LA VEUVE M'A EMBRASSÉ. SES POTES ÉCOLOS ME FAISAIENT LA GUEULE. ET PUIS REISER, ON S'AIMAIT BIEN AVEC REISER, ON AVAIT UN PEU LE MÊME ESPRIT VOYOU. IL AVAIT DIT À SA VEUVE: QUAND JE SERAI MORT, CHORON VA PRENDRE UNE BONNE CUITE. N'OUBLIE PAS LE CHAMPAGNE. UNE FOIS BOURRÉ, JE SUIS MONTÉ DANS LA CHAMBRE DU MORT ET J'AI CHANTÉ MES CHANSONS. AUJOURD'HUI C'EST MON TOUR. JE BOIS MON DERNIER VERRE EN PENSANT À ODILE, QUI M'A QUITTÉ, PARCE QU'ELLE EN AVAIT MARRE.

SUR NOS CHAUSSURES À BASCULES
ON EST TOUS DES FUNAMBULES
ET SI PAR HASARD, ON GLISSE
ON ATTERRIT SUR LE COCCYS.
ET C'EST LES QUATRE FERS EN L'AIR
QUE L'ON BOIT LES DERNIERS VERRES.
ÇA PLANE ON EST CERF-VOLANT.
ON DANSE EN VIREVOLTANT.
EN ARRIÈRE EN ZIGZAGUANT
PUIS ON REMONTE EN CHANDELLE
AVEC UN BON COUP DANS L'AILE.
COMBIEN QU'ON A DE VERRES DANS LE NEZ.
ON N'A PAS EU LE TEMPS DE COMPTER.
BEN QUOI... ON NE PEUT PAS TOUT FAIRE.
BOIRE ET PUIS COMPTER LES VERRES
LES FORTS EN CALCUL MENTAL
DIRONT QU'ON A BU PAS MAL.

Professeur Choron

TEXTES: « VOUS ME CROIREZ SI VOUS VOULEZ »
ÉD. FLAMMARION. AVEC GOURIO -
« JE BOIS, JE FUME ET JE VOUS EMMERDE »,
AVEC J.-C. FLORENTIN, ÉD. RÉGINE DEFORGES.

Tout va bien !

LE MORAL DES FRANÇAIS
POURQUOI, CETTE ANNÉE, L'OPTIMISME ATTEINT-IL DANS NOTRE PAYS UN NIVEAU RECORD ? NOUS AVONS POSÉ LA QUESTION À ISRAËL LE PAPE, CHEF DE SYNTHÈSE CONJONCTURELLE (CAFAR), À CLAIRE LIFTING, PSYCHOSOCIOLOGUE (CONASSÉ), ET À FRANZ CHOUBAIR, CONJONCTURISTE SOCIO-ÉCONOMISTE (NUL).
C'EST INCOMPRÉHENSIBLE.
C'EST UN PHÉNOMÈNE SANS SIGNIFICATION RÉELLE.
C'EST CONTRAIRE À TOUTES LES PRÉVISIONS. CELA NE CORRESPOND À RIEN.
TOUS SONT FORMELS. ILS N'Y COMPRENNENT RIEN À TOUTES CES CONNERIES. IL N'Y A AUCUNE RAISON POUR QUE LES FRANÇAIS SOIENT OPTIMISTES. NOUS AVONS ENQUÊTÉ.
POURQUOI ÊTES-VOUS OPTIMISTES ?
PARCE QUE J'AI ACHETÉ EN SOLDE UNE TABLE, UN PORTABLE, UN JETABLE, UN DIRIGEABLE ET UN INDÉCROTTABLE.
ET MOI J'AI ACHETÉ UN PANTACOURT, ET UN DÉBARDEUR BRETELLES RÉGLABLES À BORDS FRISOTTANTS EN FINE RÉSILLE DE POLYAMIDE, AVEC UNE ROBE BUSTIER EN BIAIS, EN VISCOSE TRANSPARENTE.
J'AI LE MORAL, DEPUIS QUE JE MANGE DES ABRICOTS, RICHES EN BÊTA-CAROTÈNE, QUI FACILITE LE BRONZAGE, LUTTE CONTRE LE VIEILLISSEMENT, AMÉLIORE LA VISION NOCTURNE, ET LA MÉMOIRE, ACCÉLÈRE LA CICATRISATION, ÉVITE L'ANÉMIE, FLUIDIFIE LES TRANSITS INTESTINAUX, CLARIFIE LES IDÉES... ET AVEC LES NOYAUX, JE FABRIQUE DES COLLIERS POUR MA MEUF.
PTOU
MA FEMME ME COLLE, MES ENFANTS S'INCRUSTENT, MA MAÎTRESSE VEUT UN GOSSE, MA MÈRE DEVIENT DÉPENDANTE, MON PATRON EST ENFERMÉ CHEZ LUI AVEC SON WEB, ET SA NUTRITIONNISTE.
MAIS J'AI LE MORAL PARCE QUE J'APPARTIENS À UNE SECTE, ET JE SUIS EN TRANSIT POUR SIRIUS...
C'EST QUAND ÇA VA BIEN QUE LES GENS SE RÉVOLTENT CONTRE CE QUI VA MAL. MAIS PERSONNELLEMENT JE NE ME SENS PAS CONCERNÉE. CE QUI VA MAL NE M'EMPÊCHE PAS DE VIVRE BIEN.
TU AS L'AIR PLUS HEUREUSE EN CE MOMENT
C'EST PARCE QUE DEPUIS QUE JE NE T'AIME PLUS, ÇA ME GÊNE MOINS QUE TU ME BAISES MAL.

ON S'HABITUE AU MALHEUR. MOI, LE BONHEUR, ÇA ME TUERAIT.
CE N'EST PAS PARCE QU'ON NE SE PLAINT PLUS QU'IL N'Y A PAS DE RAISONS DE SE PLAINDRE!
SI ON A LE MORAL, ÇA NE VEUT PAS DIRE QUE ÇA VA MIEUX. ÇA VEUT DIRE QU'ON N'EN A RIEN À BRANLER, C'EST TOUT!
WOLINSKI

À QUOI PENSENT LES FRANÇAIS ?
IL Y A BEAUCOUP DE GENS QUI VOTENT FN, MAIS QUI NE LE DISENT PAS.
UNE FEMME PRÉSIDENTE, POURQUOI PAS ? MAIS SARKOZY DIT DES CHOSES JUSTES !
LE SOIR, ON FERME TOUT, POURTANT LE COIN EST TRANQUILLE. ON VOTE ? BIEN SÛR QU'ON VOTE. MAIS ON NE SAIT PAS ENCORE POUR QUI.
IL ME SEMBLE QU'AVANT ON VIVAIT MOINS BIEN, MAIS ON ÉTAIT PLUS GAIS. POUR QUI JE VOTE ? ON VERRA...
LES SALAIRES NE BOUGENT PAS. ET AVEC L'EURO, LES PRIX GRIMPENT SANS ARRÊT. SÉGOLÈNE, ELLE ME PLAÎT BIEN. MAIS C'EST PAS SÛR QUE JE VOTE POUR ELLE.
IL Y A COMME UNE TRISTESSE GÉNÉRALE DANS LES FAMILLES. ON N'EST PAS SÛRS QUE NOS ENFANTS AURONT LA CHANCE D'AVOIR UNE PETITE VIE DE MERDE COMME NOUS. POUR LES ÉLECTIONS ? J'HÉSITE.
DANS LE COIN, ON ÉVITE DE PARLER POLITIQUE PARCE QUE ÇA DÉGÉNÈRE. POUR LA PRÉSIDENTIELLE, JE SUIS COMME LES SONDAGES, 50% SARKO, 50% SÉGO. MAIS LE PEN, ÇA LES FERAIT RÉFLÉCHIR !
INTERDIRE LES GRANDES SURFACES AUX MINEURS QUI HURLENT, COURENT, SE BATTENT, CRACHENT !.. POURQUOI PAS LEUR INTERDIRE LES ÉCOLES ? LA DERNIÈRE FOIS, J'AI PAS VOTÉ, J'ÉTAIS OCCUPÉ.
WOLINSKI

LE FRIC
MONSIEUR LE TRÉSORIER PRINCIPAL. JE N'AI RIEN À VOUS CACHER.
IL RESTE TOUT DE MÊME UNE PETITE ZONE D'OMBRE DANS VOTRE DOSSIER.
MON PÈRE ÉTAIT VEUF. LORSQU'IL EST MORT, J'AI HÉRITÉ DE SES BIENS
MON PÈRE AUSSI ÉTAIT VEUF. LORSQU'IL EST MORT J'AI HÉRITÉ DE SES EX.
IL Y A DES JOURS OÙ J'AIMERAIS REDEVENIR JEUNE ET FAUCHÉ.
SI TU ÉTAIS JEUNE ET FAUCHÉ JE NE PASSERAIS PAS MES VACANCES AVEC TOI, MA RUINE ADORÉE.
J'ACHÈTE MA BIÈRE EN BELGIQUE, MON 4X4 AU PORTUGAL, JE PLACE MON POGNON EN SUISSE, JE PAIE MES IMPÔTS EN IRLANDE.
ET EN FRANCE, QU'EST-CE QUE TU FAIS ?
EN FRANCE, JE BAISE !
WOLINSKI

LES RICHES VALENT MIEUX QUE LES PAUVRES
QUAND LES RICHES SE DÉTESTENT, ILS SE SERRENT LA MAIN EN SOURIANT
UN JOUR, JE L'AURAI...
CROYEZ-MOI, C'EST UN CADEAU QUE JE VOUS FAIS.
CONNARD!
QUAND LES PAUVRES SE DÉTESTENT, ILS SE FOUTENT SUR LA GUEULE!
POURRITURE!
BOUSILLE-LE!
FILS DE PUTE!
CRÈVE-LE!
QUAND LES PAUVRES ONT DES PROBLÈMES, ILS DESCENDENT DANS LA RUE CASSER DES VITRINES, ET INONDER LES MAIRIES AVEC DU LAIT CAILLÉ.
QUAND LES RICHES ONT DES PROBLÈMES ILS TÉLÉPHONENT À LEURS BANQUIERS ET TROUVENT UNE SOLUTION.
J'AURAIS BESOIN D'UN PEU DE DÉCOUVERT ... MAIS NON, CHER AMI, C'EST PAS À TOI QUE JE PARLE, MAIS À MA NOUVELLE SECRÉTAIRE. SI TU VOYAIS SES NICHONS...
LES ENFANTS DES PAUVRES BRÛLENT LES VOITURES ET VIOLENT LES FILLES DU QUARTIER.
ON LUI FAIT COMME DANS LE FILM PORNO D'HIER SOIR.
JE L'AI VU: UNE BITE DANS CHAQUE TROU!
NON, SOYEZ CHICS! JE VEUX ME MARIER VIERGE.
LES FILLES DES RICHES VIOLENT LEURS PROFS.
MONSIEUR, SI VOUS NE ME SODOMISEZ PAS, JE DIS À MES PARENTS QUE VOUS M'AVEZ SODOMISÉE
MARIE-LAURE, UNE BONNE ÉLÈVE COMME VOUS!

LES RICHES ONT UN PATRIMOINE.
J'AI ACHETÉ UNE ÎLE AUX SEYCHELLES.
TU AS BIEN FAIT. C'EST LE MOMENT D'ACHETER.

LES PAUVRES VONT AUX JOURNÉES DU PATRIMOINE.
WOLINSKI

MANIFESTATIONS INTEMPESTIVES
NON, POUR TOUS ET POUR TOUT!
MASTURBONS-NOUS, C'EST LE PLAISIR DES DIEUX!
DIEU EST DE DROITE
LE BONHEUR EST DE DROITE
ÉPATEZ-NOUS!
À BAS LES VRAIS HOMMES!
LES VRAIES FEMMES SONT DES SALOPES!
MON PAPY LOUCHE SUR MOI.
IL LOUCHE AUSSI SUR MOI.
ZIG ZIG
FRANCHOUILLARD!
MINABLE!
GAGNE-PETIT!
VIVE LA FRANCE!
TRAÎNE-PATIN!
JE PARS EN BELGIQUE!
LES FEMMES AIMENT LE BIEN. LES HOMMES AIMENT LE BON
LES HOMMES C'EST COMME LES KLEENEX: ON PREND ET ON JETTE.
PÉTASSE!
JE N'AIME PAS LES INVERTIS MAIS JE LES SOUTIENS.
JE NE SAIS PAS POURQUOI JE MANIFESTE
J'AI TOUCHÉ DE L'ARGENT DU QATAR
CHOUCHOU SE LAISSE POUSSER LA BARBE
ESTE PAIS SE VA A LA MERDIA
JE VAIS À LA MANIF INCOGNITO.
CEUX QUI DISENT DU MAL DE SARKOZY NE SONT JAMAIS SORTIS DE CHEZ EUX.
CE QUI PUE LE PLUS, C'EST LA MERDE QU'ON A DANS LA TÊTE.
NON À LA CATHOPHILIE
ARRÊTONS L'ET CETERA!
VIVONS COMME DES DÉSHÉRITÉS!
J'AI TORTURÉ À MORT MON BOSS...
JE CHOISIS CEUX QUI SONT POUR MOI
LA MORT EST EN SOLDE
LES INCENDIAIRES DE TACOTS MANIFESTENT
À BAS LES JEUNES!
VIVONS COMME LES RUSSES. LA NUIT ON BOIT, LE JOUR ON ROUPILLE.
WOLINSKI

ÇA SE DISCUTE...
J'AI VENDU MA JUMENT.
AH, TIENS, POURQUOI?
ELLE RUAIT.
MOI, J'AI VENDU MON USINE.
AH, TIENS POURQUOI?
ELLE PUAIT
J'AI VIRÉ MA SECRÉTAIRE.
AH, TIENS POURQUOI ?
ELLE SUAIT.
PAR LES TEMPS QUI COURENT, CE N'EST PAS L'ARGENT QUI MANQUE, C'EST LE MORAL.
J'AI VENDU MON MORAL À UN INDUSTRIEL CHINOIS.
VOUS VIVEZ SANS MORAL?
ABSOLUMENT! MAIS POUR ÇA, IL FAUT AVOIR DU BIEN.
EN FRANCE, ÊTRE À L'AISE, C'EST RESPECTABLE.
MAIS GAGNER BEAUCOUP D'ARGENT C'EST HONTEUX!
L'ARGENT DONT ON N'A PAS HÉRITÉ EST TOUJOURS UN PEU SUSPECT.
LA FRIME TECHNICOLOR DES NOUVEAUX RICHES, CE N'EST PAS BIEN VU CHEZ NOUS.
NOUS NE VIVONS BIEN QUE DANS LE NOIR ET BLANC DES FILMS DE CARNÉ.
J'AI VU 11 FOIS "LES ENFANTS DU PARADIS".
MOI, 15 FOIS "DRÔLE DE DRAME".
"VOUS AVEZ DIT : BIZARRE, COMME C'EST BIZARRE? ÇA C'ÉTAIT DU CINÉMA
IL FAUT SAVOIR RESTER PETIT.
LA FRANCE EST UN PAYS DE PETITS.
LES PETITS EMPLOYÉS
LE PETIT PERSONNEL
LES PETITS JUGES
LES PETITES MAINS.
LES PETITS PROFS.
LES PETITS CONS.
LE PAYS DE LA GRANDEUR EST TOMBÉ ENTRE LES MAINS DES PETITES GENS.
D'UN PETIT PRÉSIDENT
QUELLE TRISTESSE!
TOUT CE QUI EST PETIT EST HAINEUX.
ET LES PETITS N'ARRÊTENT PAS DE FAIRE DES PETITS.
AVANT, LES GRANDS RÉGNAIENT SUR LA GLOIRE DES NATIONS.
AUJOURD'HUI LES PETITS GÈRENT LE DÉCLIN DE LA SOCIÉTÉ.
QUI LUTTE CONTRE LA FATALITÉ DU DÉCLIN?
LES DÉCLINOLOGUES
L'INÉGALITÉ SAUVAIT LA CONDITION HUMAINE DE LA MÉDIOCRITÉ.
LES VICTIMES EXPLOITÉES JOUISSAIENT, TREMBLANTES DE BONHEUR.
L'ÉGALITÉ EST STRESSANTE, SUICIDAIRE, ACCABLANTE.
IL FAUT DES GAGNANTS ET DES FOUTUS, DANS UN MONDE INJUSTE.
L'INJUSTICE EST NÉCESSAIRE À L'ÉQUILIBRE MONDIAL!
UN MONDE JUSTE EST UN MONDE SANS HUMOUR.
L'ENFANT N'EST PAS BIEN DANS SA PEAU.
L'ADOLESCENT EST VIOLENT.
L'ADULTE EST MORTIFIÉ.
LE VIEILLARD SUCRE LES FRAISES.
NOUS SOMMES UNE ESPÈCE EN VOIE DE DISPARITION.
C'EST NOTRE SEULE CONSOLATION!
WOLINSKI

FAITES-MOI CRÉDIT !
BONJOUR, MADEMOISELLE. JE VOUDRAIS ACHETER UNE TÉLÉVISION, S'IL VOUS PLAÎT
BIEN SÛR, MONSIEUR. QUEL GENRE DE CRÉDIT DEMANDEZ-VOUS?
JE VOUDRAIS UNE GRANDE TÉLÉ PLATE AVEC UN BIG ÉCRAN POUR ACCROCHER SUR LE MUR DEVANT MON LIT.
NOUS POUVONS VOUS PROPOSER UN CRÉDIT À PLUS DE 20%, UN CRÉDIT À 4,5% ET UN CRÉDIT À MOINS DE 0%.
C'EST POUR REGARDER LES FILMS PORNO DES ANNÉES 70. J'AI TOUTES LES CASSETTES DE BRIGITTE LAHAYE.
NOUS AVONS UNE FICHE DOCUMENTÉE QUI PRÉCISERA D'UNE MANIÈRE FORMELLE VOTRE ENGAGEMENT
CRÉDIT FACILE
LE PROBLÈME C'EST QUE JE DOIS JETER TOUTES MES VIEILLES CASSETTES ET RACHETER DES DVD. BOF! COMME ÇA, JE VAIS M'EN PAYER DES NOUVELLES.
AVANT DE VOUS ACCORDER UN CRÉDIT, NOUS DEVONS CONSULTER LE FICHIER NATIONAL DES INCIDENTS DE REMBOURSEMENT DES CRÉDITS AUX PARTICULIERS.
AVEZ-VOUS VU : « COUPLE CHERCHE ESCLAVES SEXUELS »? UN CHEF-D'ŒUVRE! JAMAIS BRIGITTE N'A ÉTÉ AUSSI SUBLIMEMENT COCHONNE.
JE VOUS SIGNALE QUE L'EMPRUNTEUR DISPOSE D'UN DÉLAI D'ÉRECTION ... EXCUSEZ-MOI ... JE VEUX DIRE DE RÉTRACTATION QUI VIENT D'ÊTRE RALLONGÉ.
LA COURBE DE SES NÉNÉS, LA SOIE DE SA PEAU, LA SUBLIMITÉ DE SES FESSES, LES OMBRES AFFOLANTES DE SES ORIFICES ACCUEILLANTS... SA LANGUE EN EMBUSCADE... AAAAH!
EN CE QUI CONCERNE LE CRÉDIT, JE VOUS SIGNALE QUE L'ACCORD DE VOTRE BANQUE EST NÉCESSAIRE.

IL Y A UNE SCÈNE OÙ PLANTÉE SUR LA BITE D'UN BARBU, ELLE BRANLE DEUX MOUSTACHUS EN POUSSANT DES SOUPIRS EXTASIÉS, ET APRÈS ILS LUI GICLENT TOUS SUR LES MAMELLES !..
L'IDÉE EST DE PRIVILÉGIER AUPRÈS DES CLIENTS DES CRÉDITS PLUS FACILEMENT REMBOURSABLES QUE LES CRÉDITS RENOUVELABLES.
ÉCOUTE, MA TÉLÉ JE COMPTE LA PAYER EN LIQUIDE. POURQUOI TU ME FAIS CHIER AVEC TON CRÉDIT ? ESPÈCE DE CONASSE !
JE REGRETTE, MONSIEUR. NOTRE MAGASIN NE VEND QU'AUX CONSOMMATEURS DÉSIREUX DE CONTRACTER UN CRÉDIT. LE LIQUIDE, ON PEUT SE LE METTRE AU CUL !
100
100
100
WOLINSKI

LA SITUATION EST CRITIQUE
LES PAUVRES N'ONT PAS DE TRAVAIL.
LES RICHES ONT TROP DE DETTES.
STRAUSS-KAHN REFUSE D'ALLER SE FAIRE VOIR CHEZ LES GRECS.
LA SANTÉ DES FINANCES GRECQUES EST DANS UNE SITUATION CRITIQUE.
LA SANTÉ DES FINANCES DE LA ZONE EURO EST DANS UNE SITUATION CRITIQUE.
SEULS LES AMÉRICAINS PROFITENT DE LEUR SITUATION CRITIQUE POUR SPÉCULER.
OBAMA SERMONNE LES BANQUES, MAIS ELLES N'ONT PAS L'HABITUDE DE PROTÉGER L'ARGENT DES CONTRIBUABLES.
AUX ÉTATS-UNIS ON ADORE LES SERMONS.
UNE CRISE C'EST COMME UN VOLCAN QUI PÈTE PLUS HAUT QUE SON CUL.
LA GRÈCE N'A PAS LES MOYENS DE DÉVALUER SA MONNAIE POUR RESTAURER SA COMPÉTITIVITÉ.
LA COMPÉTITIVITÉ S'EST RÉFUGIÉE À SHANGHAI, OÙ TOUS CEUX QUI NE SONT PAS DANS UNE SITUATION CRITIQUE SONT MILLIARDAIRES.
LA FRANCE N'A PLUS RIEN À VENDRE. SEUL SON PASSÉ A ENCORE UN PEU D'AVENIR...
WOLINSKI

RIEN N'EST TROP BEAU POUR LA CLASSE OUVRIÈRE.
LE TRAVAILLEUR DOIT AVOIR DE BONNES CONDITIONS DE TRAVAIL.
PATRON, BOSSER TOUTE SA VIE DANS VOTRE USINE DE MERDE, POUR UN SALAIRE DE MERDE, ET UNE RETRAITE DE MERDE, VOUS TROUVEZ ÇA NORMAL?
C'EST PAS NORMAL, MAIS C'EST HUMAIN.
LE TRAVAILLEUR DOIT RECEVOIR UN BON SALAIRE.
TU AIMES "JEFF KOONS", TOI?
NON, MAIS J'AIMERAIS AVOIR LES MOYENS D'ACHETER CE QUE JE N'AIME PAS.
LE TRAVAILLEUR A DROIT À UN REPOS HEBDOMADAIRE MÉRITÉ.
ELLE A DIT: "RIEN N'EST TROP BEAU POUR LA CLASSE OUVRIÈRE".
Y A "PO PAUL" QUI MATE SÉGOLÈNE À LA TÉLÉ. IL DIT QUE ÇA L'INSPIRE GRAVE!
LE TRAVAILLEUR DOIT POUVOIR PRENDRE DES VACANCES.
ON VA ALLER CAMPER CHEZ LES NUDISTES. ÇA ÉCONOMISERA LES MAILLOTS DE BAIN.
MOI J'VEUX UN MAILLOT DEUX PIÈCES.
JEANNOT TE PRÊTERA SON SLIP.
IL EST CACATEUX SON SLIP.
LE TRAVAILLEUR DOIT AVOIR LE DROIT D'ÉDUQUER SES ENFANTS.
PLUS TARD, JE VEUX ÊTRE FONCTIONNAIRE. JE NE VEUX PAS ÊTRE UN PROLO COMME PAPA.
IL A DE L'AMBITION, CE PETIT CON!
POSTIER COMME BESANCENOT, C'EST "CLASSE"!
LE TRAVAILLEUR DOIT AVOIR LE DROIT À LA SANTÉ.
DOCTEUR, NOTRE PAYS EST MALADE, MAIS LES TRAVAILLEURS ONT LA SÉCU!
RIEN N'EST TROP BEAU POUR LA CLASSE OUVRIÈRE!
GARDEZ VOS CHAUSSETTES
LE TRAVAILLEUR DOIT AVOIR UN LOGEMENT CORRECT.
J'ADORE QUAND TU REPEINS LE PLAFOND AVEC TA CULOTTE SUR LA TÊTE, POUR NE PAS SALIR TES CHEVEUX.
RIEN N'EST TROP BEAU POUR LA CLASSE OUVRIÈRE
LE TRAVAILLEUR DOIT AVOIR LE DROIT DE REVENDIQUER.
C'EST TOUJOURS MOI QUI VIDE LA POUBELLE. JE VAIS ME PLAINDRE À MON SYNDICAT.
C'EST TOUJOURS MOI, QUI TE VIDE LES COUILLES! EST-CE QUE JE ME PLAINS?
WOLINSKI

POURQUOI TU PLEURES ?
J'AI VENDU MON APPARTEMENT, MON CHÂTEAU, MON ENTREPRISE, MAIS JE N'ARRIVE PAS À QUITTER LA FRANCE. ET EN PLUS J'AI OUBLIÉ MON MOUCHOIR.
TIENS, MON PAUVRE CHÉRI. ESSUIE TES LARMES AVEC MA CULOTTE. ATTENTION, J'AI FAIT UN PEU PIPI DEDANS...
ENFIN, JE ME SUIS DÉCIDÉ. JE QUITTE LA FRANCE. UN PAYS OÙ DÈS QUE TU GAGNES DE L'ARGENT, TU ES TRAITÉ COMME UN VOYOU. MERCI, ISABELLE CHÉRIE, DE M'ACCOMPAGNER.
PHILIPPE CHÉRI, JE T'ACCOMPAGNE JUSTE À LA GARE.
JE PARS, JE ME TIRE, JE M'EN VAIS, I LEAVE, JE M'EXPATRIE, JE FUIS, JE DIS ADIEU, JE FOUS LE CAMP, JE VAIS VOIR AILLEURS SI J'Y SUIS.
TU CROIS QU'AILLEURS C'EST LE PARADIS ? CONNARD CHÉRI.
NOUS DÉROULONS UN TAPIS ROUGE POUR TOUS LES FRANÇAIS QUI S'EXPATRIENT À LONDRES.
C'EST À QUELLE HEURE, LE PROCHAIN VOL POUR PARIS ?
WOLINSKI

JE CROIS QU'ON A BESOIN DE VACANCES
J'EN AI ASSEZ! J'EN AI MARRE! J'EN AI PLEIN LE CUL! J'EN AI RAS LE BOL!
DE QUOI, CHÉRI?
DE LA SITUATION, DES ÉLECTIONS DES DÉCLARATIONS, DES INACTIONS DES INTERVENTIONS, DES OPINIONS, DES CONTORSIONS, DES GESTICULATIONS, DES DOMINATIONS, DES AGRESSIONS, DES CONTESTATIONS DES DÉGOÛTATIONS, DES INACTIONS, DES DIVAGATIONS, DES ÉLUCUBRATIONS, DES ÉRUCTATIONS, DES ACCUSATIONS, DES INCANTATIONS, DES POPULATIONS, DES TAXATIONS, DES VATICINATIONS, DES AMBITIONS, DES POSITIONS, DES MOTIONS, DES POLLUTIONS DES ABOMINATIONS!
C'EST VRAI QU'IL YA DE QUOI SE POSER DES QUESTIONS.
JE CROIS QU'ON A BESOIN DE VACANCES.
SOLUTION: LA DISPARITION! EXÉCUTION SANS HÉSITATION!
JE VAIS PRENDRE DES VACANCES ÉTERNELLES EN ME JETANT PAR LA FENÊTRE!
LÀ, IL Y A UN PROBLÈME!
MARYLINE PEUX-TU VENIR TOUT DE SUITE, MA CHÉRIE.
GEORGES VEUT SE JETER PAR LA FENÊTRE, ET JE NE PEUX PAS LE RETENIR. J'AI DU VERNIS SUR MES ONGLES.
ADIEU
UN...
MARYLINE SAUTE DANS UN TAXI POUR VENIR TE RETENIR. CHÉRI, PEUX-TU ATTENDRE UN PETIT QUART D'HEURE?
..DEUX
BON, UN QUART D'HEURE, MAIS PAS PLUS, MA PATIENCE A DES LIMITES.
MERCI, CHÉRI.
WOLINSKI

PENSÉES MOROSES
DIRE QUE TOUT LE MONDE DOIT ÊTRE PAUVRE, PARCE QUE TOUT LE MONDE NE PEUT PAS ÊTRE RICHE, C'EST COMME SI ON DISAIT : TOUT LE MONDE DOIT ÊTRE MOCHE PUISQUE TOUT LE MONDE NE PEUT PAS ÊTRE BEAU. LE VRAI BONHEUR C'EST DE POUVOIR ACHETER CE QU'ON VEUT. SANS PRIVILÈGES, LA VIE EST UN COULOIR SANS PORTES !
VIVE L'ARGENT ! GRÂCE À LUI ON PÈTE DANS LA SOIE, ON VIT À L'HEURE CARTIER. ON RETIRE SES BILLETS APRÈS AVOIR TAPÉ SON CODE ET GLISSÉ VOLUPTUEUSEMENT SA CARTE DANS LA FENTE. GRÂCE À L'ARGENT, ON PEUT S'OFFRIR LE LUXE ULTIME, CE QUI EST LE PLUS PRÉCIEUX AU MONDE : LE SILENCE.
CUI CUI
TA GUEULE !
JE N'AI PAS ENVIE D'ALLER VOIR LE LAC TITICACA, LE CAP DE BONNE-ESPÉRANCE. J'AI PAS ENVIE D'ALLER ÉCOUTER LES MARACAS À RIO. LES VOYAGES M'ENNUIENT. J'AIME PAS LES PAYS OÙ IL FAIT NUIT À MIDI, ET OÙ LE JOUR SE LÈVE À MINUIT. LES PAYS À CAFARDS, À MOUSTIQUES, À MENDIANTS, À SIDA, À CHIASSE, À DROGUE. JE NE VEUX PAS SURVEILLER MES VALISES, ATTENDRE UN AVION, CHERCHER UNE CHAMBRE, RATER UN TRAIN, DESCENDRE L'AMAZONE, REMONTER LE NIL, MARCHER SUR UNE PLAGE POUBELLE, MANGER DE LA VIANDE COUVERTE DE MOUCHES À MERDE. J'AIME PAS LES ÉTRANGERS EN FRANCE, C'EST PAS POUR ALLER LES VOIR DANS LEURS GHETTOS.
GEORGES, C'EST PRÊT.
J'ARRIVE.
J'AIME PAS LES ANGLAIS. ILS NE SAVENT PAS VIVRE. JE N'AIME PAS LES AMÉRICAINS, ILS NE LISENT QUE LA BIBLE. JE N'AIME PAS LES ITALIENS, ILS SONT VOLEURS. JE N'AIME PAS LES GRECS, ILS SONT HUILEUX. JE N'AIME QUE MOI. MES LIVRES, MES CARNETS, MES NOTES, MON POSTE DE RADIO : FRANCE INTER. MA TÉLÉ : LCI.
JE NE SUPPORTE PAS LES GENS QUI M'ADMIRENT. ENCORE MOINS, LES GENS QUE J'ADMIRE. JE NE SUPPORTE QUE MOI, MAIS JE NE M'ADMIRE PAS. DEPUIS QUE JE SUIS BÉBÉ, JE ME TENDS DES PIÈGES, EXPRÈS POUR TOMBER DEDANS. ÇA FAIT 30 ANS QUE JE FAIS LE MÊME DESSIN. JE SUIS UN "PERVERS POLYMORPHE" COMME HOUELLEBECQ.

IL FAUT BEAUCOUP DE TALENT POUR ÉCRIRE DES PAGES SANS AUCUN INTÉRÊT. MODIANO Y ARRIVE TRÈS BIEN. PAR EXEMPLE : « UN SOIR, MON PÈRE EST ASSIS EN FACE DE MOI DANS LE SALON DE LA RUE DU DOCTEUR KURZEN, PRÈS DU BOW-WINDOW. IL ME DEMANDE CE QUE JE VOUDRAI FAIRE DANS LA VIE. JE NE SAIS PAS QUOI LUI RÉPONDRE... »
JE SUIS UN PSYCHOPATHE À TENDANCE PARANOÏAQUE DOTÉ D'UNE TENDANCE EXTRÊME À LA MANIPULATION, AU MENSONGE, AU SOUPÇON PERMANENT OU COMPLOT. À L'AUTO SURÉVALUATION, AVEC RENVOIS RÉGULIERS À MA PROPRE PERSONNE. C'EST-À-DIRE QUE JE SUIS AUSSI NORMAL QUE VOUS ET MOI.
GEORGES, TU VIENS ? ÇA VA ÊTRE FROID.
VOILÀ ! VOILÀ !
WOLINSKI

JE TOUCHE MA SECRÉTAIRE.
J'AI MAL AU POIGNET À FORCE DE SIGNER DES CHÈQUES.
VOUS VOUS SURMENEZ
JE TOUCHE MA FEMME DE MÉNAGE.
MA PAUVRE MARIA, JE ME DEMANE COMMENT VOUS POUVEZ VIVRE AVEC VOTRE SALAIRE?
MOI. AUSSI, MONSIEUR
JE TOUCHE UN GROS SALAIRE, DES COMMISSIONS, DES PRIMES, DES INTÉRÊTS, DES ENVELOPPES, DES INDEMNITÉS, DES POTS-DE-VIN, DES COMPENSATIONS, DES BÉNÉFICES, DES POURCENTAGES, DES DIVIDENDES, DES RENTES, DES PARTICIPATIONS, DES REVENUS...
JE TOUCHE À TOUT : L'INDUSTRIE, LES BANQUES, L'AÉRONAUTIQUE, L'ALIMENTATION, LE NUCLÉAIRE. J'AI TOUJOURS PRÉSIDÉ DES INSTANCES DIRIGEANTES, MAIS JE N'AI JAMAIS DIRIGÉ UNE ENTREPRISE.
SI J'AI UN CONSEIL À VOUS DONNER, IL EST INUTILE D'AUGMENTER LES SALARIÉS FRANÇAIS ALORS QUE NOUS POUVONS DÉLOCALISER DANS DES PAYS DE CRÈVE-LA-FAIM.
NOTRE MONDE TOUCHE À SA FIN ! AUJOURD'HUI, LES ORGANISATIONS PATRONALES DOIVENT ÊTRE EXEMPLAIRES, MORALES, HONNÊTES... ET ON S'ÉTONNE QUE NOTRE CROISSANCE SOIT EN CRISE. L'HONNÊTETÉ N'A JAMAIS FAIT BON MÉNAGE AVEC LES AFFAIRES. ILS M'ONT VIRÉ !
UN MONDE SANS PATRONS, C'EST UN MONDE QUI N'OBÉIT PLUS !..
WOLINSKI

NON À LA FERMETURE DU SITE
QU'EST-CE QUE VOUS FAITES CE SOIR, ANGE-MONIQUE ?
JE POTASSE MES DOSSIERS.
T'EN AS PAS MARRE DE DESSINER DU CUL ?
SI. MAIS ÇA PLAÎT AUX LECTEURS.
TU AIMES LES VIEUX ?
AUSSI !
VOUS AVEZ ENCORE BESOIN DE MOI, MONSIEUR ?
CON CUL
SUCE
LÈCHE
BITE
FUCK
MERCI POUR VOTRE PARTICIPATION.
WOLINSKI

ÉLOGE DU DÉCLIN
COMBIEN DE TEMPS ÇA PREND POUR ÊTRE SUR LE DÉCLIN, PAPA?
TU AS TOUTE LA VIE DEVANT TOI, MON LAPIN.
À BAS LA FRANCE!
DÉCLINER, C'EST LE MOMENT OÙ ON NE RAMÈNE PLUS SA SCIENCE, OÙ ON NE FAIT PLUS L'INTÉRESSANT, OÙ ON ACCEPTE D'ÊTRE CE QU'ON EST, OÙ ON NE ROULE PLUS LES MÉCANIQUES. DÉCLINER, C'EST ÊTRE FATIGUÉ. JE SUIS FATIGUÉ. TU ES FATIGUÉ. LES FRANÇAIS SONT FATIGUÉS. ILS SE COUCHENT FATIGUÉS LE SOIR, ILS SE RÉVEILLENT FATIGUÉS LE MATIN.
"LA FRANCE S'APERÇOIT QU'ELLE NE S'AIME PAS", PEUT-ON LIRE DANS "LE NOUVEL ÉCONOMISTE". "LE JOURNAL DES POUVOIRS D'AUJOURD'HUI" QUI ÉNUMÈRE TOUS NOS DÉNIGREMENTS, NOS LASSITUDES, NOS SÉNILITÉS PRÉCOCES, NOS RINGARDISES. ET POURTANT...
..POURTANT, NOTRE ÉCONOMIE EST, PARAÎT-IL, PERFORMANTE! NOS ENTREPRISES SONT CONCURRENTIELLES! NOTRE FRANCE, ATTRACTIVE! ELLE EST LA PREMIÈRE DESTINATION TOURISTIQUE DU MONDE, MAIS LES ÉTRANGERS NE S'Y ATTARDENT PAS, EN NE DÉPENSANT PAS ASSEZ.
JE CROYAIS QUE TU ÉTAIS FATIGUÉ.
LA FATIGUE ÇA N'EMPÊCHE PAS UN CÂLIN.
BREF! CAMARADES DÉCLINISTES, ON AURAIT TOUT POUR RÉUSSIR LE MATCH, SAUF LE MENTAL. LES ÉTATS-UNIS, LA CHINE, L'INDE, GAGNENT PARCE QU'ILS NE PENSENT QU'À GAGNER! CE SONT DES PEUPLES DYNAMIQUES! LE DYNAMISME FAIT CHIER LES FRANÇAIS RIEN QUE D'Y PENSER, ILS SONT DÉCOURAGÉS. COURIR DERRIÈRE LE BALLON QUI VA MARQUER C'EST BON POUR LES BASANÉS. LES FRANÇAIS N'AIMENT PAS GAGNER. POUR GAGNER, IL FAUT S'ENTRAÎNER, FAIRE DES EFFORTS, MOUILLER LE MAILLOT. AVOIR UNE DISCIPLINE DE VIE. SURMONTER SA FATIGUE.
QU'EST-CE QUE TU FAIS CE SOIR?
MON INFIRMIÈRE VIENT ME BRANLER, JE BOIS UN COGNAC, ET JE ME COUCHE...

FRANCHEMENT, IL VAUT MIEUX SE SUICIDER QUE SE TUER AU TRAVAIL. VIVE LA FATIGUE! VIVE LA SIESTE! VIVE LA PARESSE! LA FATIGUE EST LA DROGUE QUI SOIGNE L'ANGOISSE PROVOQUÉE PAR L'AUTODÉNIGREMENT. DÉFONÇONS-NOUS! DERRIÈRE L'ÉPUISEMENT, IL EXISTE UNE ZONE MYSTÉRIEUSE, HYPNOTIQUE, UN ÉTAT COMATEUX. ON OUBLIE TOUT, ON SE FOUT DE TOUT! ON EST AILLEURS! HEUREUSEMENT POUR NOUS, LES DESTRUCTEURS, LES POLLUEURS LES EXPLOITEURS, LES HYPER-PRÉSIDENTS SUPER ACTIFS SONT BIEN OBLIGÉS PARFOIS DE SE REPOSER UN PEU, ÇA NOUS REPOSE. LE DÉCLIN DEVIENT UNE SAGESSE, UNE ÉTHIQUE, UN STYLE DE VIE. AUTANT LA RÉUSSITE ET LE SUCCÈS SONT VULGAIRES, AUTANT LE DÉCLIN C'EST LA CLASSE!

CET ÉTÉ, ON RESTE EN FRANCE
NOUS LOGEONS À REILLANNE, ALPES-DE-HAUTE-PROVENCE, DANS LA VIEILLE MAISON FAMILIALE DE NOTRE AMIE NICOLE. PLEINE DE VIEUX MEUBLES, D'IMMENSES PENDULES, ET DE PHOTOS DES PETITS ENFANTS. IL Y A UN PETIT JARDIN OÙ RÈGNE UN COQUIN PETIT CHAT NOIR QUI GRIMPE PARTOUT.
SENTEZ-MOI CE MELON !
MMM
MMM
LA BAISSE DES MARCHÉS BOURSIERS N'AFFECTE PAS LE MARCHÉ PAYSAN. UN EURO LES TROIS MELONS. C'EST ABORDABLE. ON TROUVE DE TOUT SUR LE MARCHÉ. MÊME DES LIVRES ! ADRIEN, LE JULES DE NICOLE, A ACHETÉ UN VIEUX BOUQUIN : « LA CUISINE ÉROTIQUE » JE SUIS SURPRIS DE VOIR LE NOMBRE DE LIBRAIRIES DANS CETTE PROVENCE DU MIEL, DE L'AGNEAU, DE LA LAVANDE. À BANON, LA LIBRAIRIE "LE BLEUET" PROPOSE TOUTE LA LITTÉRATURE SUR PLUSIEURS ÉTAGES. C'EST IMPRESSIONNANT ! MAIS À BANON, IL Y A AUSSI LE "BANON", FROMAGE DE CHÈVRE.
BANON
À REILLANNE, IL N'Y A PAS DE PHARMACIE. MAIS IL Y A SUR LA PLACE UNE CYBER-LIBRAIRIE. "REGAIN", OÙ ON TROUVE LES DERNIERS LIVRES. AUTRE SURPRISE DANS LES RUES, SUR LA PLACE, IL Y A MARQUÉ : « EAU POTABLE » SUR LES FONTAINES PUBLIQUES. VOUS CONNAISSEZ BEAUCOUP D'ENDROITS OÙ ON PEUT ARROSER SON PASTIS AVEC DE L'EAU DU ROBINET ? LES HOMMES DE MON ÂGE ONT LES CHEVEUX LONGS ET DES QUEUES DE CHEVAL. LES JEUNES ONT LA TÊTE RASÉE ET DES ÉPOUSES ENCEINTES. IL Y A DES AUTOS PARTOUT, MÊME DEVANT LA PORTE DU GARAGE. LES RUINES DES ANCIENS CHÂTEAUX FORTIFIÉS, DATANT DU XIIe, ET DES ÉGLISES DÉTRUITES.
EAU POTABLE

EN 1595, À LA SUITE DES GUERRES DE RELIGION, DOMINENT LES PETITS VILLAGES NICHÉS DANS LES FORÊTS VALLONNÉES. COMME ME L'A DIT LE BOUCHER : « ICI, ÇA MONTE, OU ÇA DESCEND. » DERRIÈRE MARYSE, CAR ELLE MARCHE PLUS VITE QUE MOI, J'AI BEAUCOUP RANDONNÉ SUR LES SENTIERS PÉDESTRES BALISÉS PAR DES SIGNES MYSTÉRIEUX INSCRITS SUR LES ARBRES.

TOUT VA BIEN !
ÇA VA ?
MES GOSSES BRAILLENT, MA FEMME PLEURE, LA TÉLÉ HURLE, LES VOISINS GROGNENT, MAIS JE NE SUIS PAS MALHEUREUX, PARCE QUE JE NE RÉFLÉCHIS PAS. LE SECRET DU BONHEUR C'EST DE VIVRE COMME UN CON.
TU TROUVES QUE C'EST BIEN DE VIVRE COMME UN CON ?
CE QUI EST BIEN POUR LES FRANÇAIS, C'EST DE NE PAS SE POSER DE QUESTIONS. TU PEUX ME CROIRE, J'AI BIEN ÉTUDIÉ LA QUESTION.
JE N'AI PAS LA MÊME OPINION QUE TOI SUR LES FRANÇAIS.
TU ES FRANÇAIS, TU FAIS PARTIE DU PUBLIC. TU VOTES AUX CANTONALES, TU ES UN SPECTATEUR, UN SUPPORTER, UN CROYANT, UN PIÉTON, UN MANIFESTANT, UN MARI, UN CON. TU FAIS TOUT COMME TOUT LE MONDE !
COMMENT PEUX-TU DIRE ÇA DE MOI ? COMMENT PEUX-TU AFFIRMER QUE JE SUIS COMME TOUT LE MONDE ? NOUS SOMMES TOUS DIFFÉRENTS.
MON PAUVRE VIEUX. GRÂCE AUX SONDAGES, ET AUX STATISTIQUES, ON SAIT TOUT SUR NOUS. 90% DES COUPLES DORMENT DANS LE MÊME LIT. 86% DES FEMMES N'ONT JAMAIS FAIT L'AMOUR DANS UNE BAIGNOIRE. 83% DES FRANÇAIS NE SAVENT PAS JOUER DU PIANO. 75% DES FEMMES AFFIRMENT QU'IL N'Y A QUE LES DEUX PREMIERS CENTIMÈTRES QUI COMPTENT DANS UNE ÉRECTION.
TA VISION DU FRANÇAIS MOYEN EST DÉSESPÉRANTE !
LORSQUE TOUT VA BIEN, QU'ON MANGE À SA FAIM, QU'ON BOIT UN COUP, QU'ON TIRE UN COUP AVEC UNE FEMME ÉCHAUFFÉE, ON N'EST PAS MALHEUREUX. LE SEXE C'EST LE PLUS VIEIL ANTIDÉPRESSEUR DU MONDE. C'EST MIEUX QUE LE DÉBRIEFING PSYCHOLOGIQUE POUR ÉVACUER LE STRESS.
ET ÇA TE SUFFIT ?
JE ME CONTENTE DE CE QUI ME SUFFIT. TOUT LE MONDE NE PEUT PAS ÊTRE GÉNIAL. NOUS SOMMES DES NAUFRAGÉS DEPUIS QUE NOUS SOMMES SORTIS DU VENTRE DE NOTRE MÈRE. VIVRE, C'EST NAGER, NAGER, NAGER JUSQU'À CE QU'ON COULE. ALLEZ, SALUT, MON VIEUX.
WOLINSKI

ON FERME SA GUEULE!
AUJOURD'HUI ON PARLE ANGLAIS, BANLIEUE, JARGON, SABIR, ARGOT, CHTIMI, PATOIS. ON NE PARLE PLUS FRANÇAIS.
MOI, JE NE PARLE PLUS. JE FERME MA GUEULE!
LE FRANÇAIS EST UN ROUSPÉTEUR QUI FERME SA GUEULE. IL N'A PLUS RIEN À DIRE DANS UN MONDE OÙ RIEN NE CHANGE. IL REGARDE LA TÉLÉ EN SILENCE.
C'EST DANGEREUX, LES MOTS. SURTOUT LORSQU'ON DIT LA VÉRITÉ.
LE FRANÇAIS S'EST TOUJOURS LAISSÉ FAIRE. IL A TOUJOURS ACCEPTÉ D'ÊTRE BOUSCULÉ PAR LES FLICS, MÉPRISÉ PAR LES BANQUES, SNOBÉ PAR LES MÉDECINS, INTIMIDÉ PAR LES JUGES, TRUANDÉ PAR LES GARAGISTES. CARABINÉ PAR LES RESTAURATEURS, RIDICULISÉ PAR LES POLITIQUES. GUILLOTINÉ PAR LES RÉVOLUTIONNAIRES. EXPATRIÉ PAR LES CONTRE-RÉVOLUTIONNAIRES.
PAS TOUJOURS, TOUT DE MÊME!
SI, TOUJOURS! LE FRANÇAIS TROUVAIT NORMAL D'AVOIR UN SALAIRE DE MISÈRE LORSQU'IL AVAIT L'IMPRESSION D'AVOIR UN PATRON QUI VIVAIT PLUS MAL QUE LUI, AVEC SES FRINGUES DU DIMANCHE TOUS LES JOURS, SA FEMME QUI A AVALÉ UN PARAPLUIE, ET SES GOSSES QUI NE JOUENT JAMAIS DANS LA RUE. À NOTRE ÉPOQUE LES PAUVRES N'ONT PLUS PEUR D'ÊTRE PAUVRES, ET LES RICHES ONT PEUR D'ÊTRE RICHES!
CE N'EST PLUS L'ARGENT QUI FAIT LE BONHEUR, C'EST LE POUVOIR D'ACHAT!
WOLINSKI

LES FRANÇAIS RIENT D'EUX-MÊMES
CARLA VA LE QUITTER.
ÇA C'EST SÛR!
S'IL N'EST PAS ÉLU, ELLE SE CASSE!
C'EST COMME MOI, SI JE PERDS MON JOB. MA FEMME FAIT SES VALISES!
ET MÊME SI TU NE LE PERDS PAS, CONNARD!
AURÉLIE A ÉCRIT UN BEST-SELLER SUR SA VIE DE FONCTIONNAIRE.
MON LIVRE RACONTE MON INUTILITÉ, MON INEFFICACITÉ, MON ÉCHEC, MES RAPPORTS DIFFICILES AVEC LA HIÉRARCHIE, L'ATTITUDE HOSTILE DE MES COLLÈGUES, ET SURTOUT, À QUEL POINT JE ME SUIS FAIT CHIER DANS LA FONCTION PUBLIQUE.
"ABSOLUMENT DÉ-BOR-DÉE" PAR ZOÉ SHEPARD (ALBIN MICHEL. 80000 EXEMPLAIRES VENDUS).
AVEC LES DROITS D'AUTEUR, AURÉLIE RETAPE UNE RUINE À LA CAMPAGNE AVEC DES COPAINS. AURÉLIE CHÉRIE, VIENS VOIR À "CHARLIE HEBDO" CE QUE SONT DES VRAIS DÉ-BOR-DÉS.
MON PAUVRE VIEUX, TU T'ES FAIT LICENCIER! QUE VAS-TU FAIRE DE TA VIE?
NE T'INQUIÈTE PAS POUR MOI. JE REGARDE LA TÉLÉ. JE MANGE DES SPAGHETTIS. JE BOIS DU GAILLAC. JE BAISE LA BONNE PORTUGAISE DES VOISINS. JE FAIS LA SIESTE TOUS LES JOURS. MA FEMME M'A QUITTÉ AVEC LES ENFANTS. JE SUIS "FREE". LES JOURNÉES PASSENT COMME DANS UN RÊVE. HIER, EN BUVANT DU RHUM, J'AI LU LE DERNIER LIVRE DE PASCAL BRUCKNER «LE MARIAGE D'AMOUR A-T-IL ÉCHOUÉ ?» (GRASSET). ON PEUT SE PASSER D'AMOUR MAIS ON NE PEUT PAS SE PASSER DES FEMMES.
SARKOZY À L'ONU
BEAUCOUP DE PROGRÈS ONT ÉTÉ RÉALISÉS MAIS LE CHEMIN QUI RESTE À ACCOMPLIR EST IMMENSE.
QU'IL EST CON!
QU'IL EST CON!
QU'IL EST CON!
QU'IL EST CON!
QU'IL EST CON!

POURQUOI CET ÉLÈVE EST-IL SEUL DANS UN COIN ?
C'EST UN ENFANT DE PARENTS NON DIVORCÉS, MONSIEUR LE DIRECTEUR.
WOLINSKI

L'ÉPOQUE A CHANGÉ
LORSQUE J'ÉTAIS JEUNE, IL Y A 60 ANS, À PART LA BEAUTÉ DE LA NATURE, DES FEMMES, ET LA COMPAGNIE DES LIVRES. JE N'AVAIS RIEN. MAIS JE NE M'INQUIÉTAIS PAS POUR MON AVENIR.
L'ÉPOQUE A CHANGÉ. NOUS N'AVONS PLUS D'AVENIR
MES PARENTS N'AVAIENT PAS DE TÉLÉPHONE, NI DE RÉFRIGÉRATEUR, LES CHIOTTES ÉTAIENT DANS LA COUR, LA SALLE DE BAINS-CUISINE DERRIÈRE LA BOUTIQUE-SALLE À MANGER. JE DORMAIS DANS LE GRENIER MAIS JE NE M'INQUIÉTAIS PAS POUR MON AVENIR.
LE PORTABLE, LA TÉLÉ, INTERNET, LE PORNO, ÇA N'EXISTAIT PAS !
LA FRANCE ÉTAIT DE DROITE, MAIS LE PC ÉTAIT PUISSANT. DÉJÀ, C'ÉTAIT LES RETRAITÉS QUI MILITAIENT. LES CHEVEUX BLANCS DIRIGEAIENT LA FRANCE.
LES FRANÇAIS N'ÉTAIENT PAS RICHES. MAIS LA FRANCE AVAIT LES MOYENS.
JAMAIS LA SEXUALITÉ N'A ÉTÉ AUSSI LIBRE, LES FEMMES AUSSI DÉVÊTUES, ET POURTANT JAMAIS IL N'Y A EU AUTANT DE VIOLS, D'INCESTES. MÊME LES PÉDÉS NE S'UNISSENT QUE POUR POUVOIR SE SÉPARER.
LES JEUNES LIVRENT DES PIZZAS LE JOUR. LA NUIT, ILS SE DÉFONCENT ET CAILLASSENT LES FLICS !

NOTRE AVENIR, C'EST LE CANCER, LA PROSTATE, LE DIABÈTE, L'IMPUISSANCE, LA MORT. MAIS ON NE MEURT PLUS CHEZ SOI. ON PART SUR LA POINTE DES PIEDS. APRES AVOIR VÉCU LENTEMENT, LONGTEMPS, GRÂCE AUX MÉDICAMENTS. LE PARADIS EST DÉSERT, DEPUIS QU'ON NE CROIT PLUS EN RIEN.
NE PLUS CROIRE EN RIEN, C'EST PEUT-ÊTRE ÇA, LE PROGRÈS!
WOLINSKI

QUESTIONS
QU'EST-CE QUI EST SANS VOILE ?
LA NUDITÉ
LA CARICATURE
L'HUMOUR
MON CUL
QU'EST-CE QUI EST SACRÉ ?
LA SIESTE
LA BOUFFE
LE FRIC
J'AI FAIM
QU'EST-CE QUI EST RESPECTABLE ?
LES STRUCTURES
JE SUIS VOTRE SUPÉRIEUR.
LA HIÉRARCHIE
VOUS ÊTES MES INFÉRIEURS.
LES DÉCORATIONS
J'AI L'HONNEUR DE VOUS REMETTRE LA CULOTTE DE LA LÉGION D'HONNEUR
QU'EST-CE QUI EST CONSTERNANT ?
LA MORT
JE L'AIMAIS.
TU L'OUBLIERAS.
LE CHÔMAGE
JE CHERCHE DU BOULOT.
AH ! TOI AUSSI ?
QUEL MINISTRE AIMERIEZ-VOUS ÊTRE ?
INTÉRIEUR, ET EXTÉRIEUR
DÉFENSE DE DIRE DU BIEN DES MAUVAIS FRANÇAIS.
INJUSTICE, ET INSÉCURITÉ
DÉFENSE DE FAIRE PEUR AUX TROUILLARDS !
MAUVAISE ÉDUCATION, ET PAN PAN CUCUL
DÉFENSE D'APPRENDRE CE QU'IL NE FAUT PAS SAVOIR !
QUE VAS-TU DEVENIR ?
CHÔMEUR
BELGE
VICTIME
INTÉGRISTE
RIEN
MOINS QUE RIEN.
DIRECTION
WOLINSKI

ÊTES-VOUS MODERNE ?
LISEZ-VOUS LA PRESSE ? 1
REGARDEZ-VOUS LA TÉLÉ ? 2
NI L'UN NI L'AUTRE. 3
IL N'Y A QUE MOI QUI M'INTÉRESSE.
SAVEZ-VOUS CONDUIRE ? 1
AVEZ-VOUS UN PERMIS ? 2
NI L'UN NI L'AUTRE. 3
SORTIE
ON VA CHEZ TOI, OU CHEZ MOI ?
PARKING
ON EST PAS BIEN ICI ?
ÊTES-VOUS HÉTÉROSEXUEL ? 1
ÊTES-VOUS HOMOSEXUEL ? 2
NI L'UN NI L'AUTRE. 3
JE NE SAIS PAS CE QUE JE SUIS ?
SI J'ÉTAIS UN HOMME, EST-CE QUE TU M'ENCULERAIS ?
ÊTES-VOUS ALCOOLIQUE ? 1
ÊTES-VOUS DROGUÉ ? 2
NI L'UN NI L'AUTRE. 3
JE DÉTESTE TOUT CE QUI ME FAIT PERDRE LE CONTRÔLE DE MOI-MÊME.
JE SAIS. C'EST POUR ÇA QUE JE BOIS.
ÊTES-VOUS SARKO ? 1
ÊTES-VOUS SÉGO ? 2
NI L'UN NI L'AUTRE. 3
JE NE SUIS NI POUR L'UN NI POUR L'AUTRE !
MOI AUSSI, MAIS LUI AU MOINS, C'EST UN HOMME.
ÊTES-VOUS GROOVE ? 1
ÊTES-VOUS DOPÉ AU FUNK ? 2
NI L'UN NI L'AUTRE. 3
TOUJOU IEU CANTERAI SOUTA LI TIEU TOUNELLA LA TIEU MAR D'AZUR LOU TIEU CIEL PUR E TOUJOUR CRIDERAI EN LA MIÉU RITOURNELLA VIVA VIVA NISSA LA BELLA...
OH, PEUCHÈRE ! ON REVIENT AUX CHANSONS DE MA-GRAND-MÈRE
MENU
AVEZ-VOUS UN EMPLOI ? 1
ÊTES-VOUS CHÔMEUR ? 2
NI L'UN NI L'AUTRE. 3
QUE SAVEZ-VOUS FAIRE ?
JE SAIS M'ÉCRASER.
ÊTES-VOUS À L'ÉCOUTE DES QUESTIONS QUI SE POSENT ? 1
AVEZ-VOUS DES RÉPONSES AUX QUESTIONS DU MOMENT ? 2
NI L'UN NI L'AUTRE 3
SE LEVER LE MATIN. SE COUCHER LE SOIR... T'EN AS PAS MARRE, TOI ?
MOINS DE HUIT, VOUS ÊTES PASSÉISTE.
MOINS DE SEIZE - VOUS ÊTES MODERNE.
MOINS DE 24 - VOUS INSULTEZ L'ÉPOQUE
WOLINSKI

COUP DE TÉLÉPHONE
DEPUIS QUE J'AI ACCEPTÉ D'ÊTRE "SOUS-SECRÉTAIRE D'ÉTAT À LA FÉROCITÉ POSITIVE" DANS LE GOUVERNEMENT SARKO, IL ME TÉLÉPHONE SOUVENT.
QUE PENSEZ-VOUS DE MES DÉBUTS? FORMIDABLES, HEIN ?
C'EST PAS PARCE QUE LES FRANÇAIS SONT CONTENTS QUE C'EST FORMIDABLE.
TOUT LE MONDE A ÉTÉ ÉPATÉ PAR L'OUVERTURE DE MON GOUVERNEMENT.
BRAVO! C'EST TRÈS MALIN DE NE PAS AVOIR CHOISI CEUX QUI VOUS ONT SOUTENUS.
QUE PENSEZ-VOUS DE MON PROJET SUR LA DÉDUCTION DES INTÉRÊTS D'EMPRUNTS
POUR MOI TOUT ÇA C'EST DU BLA-BLA INCOMPRÉHENSIBLE.
LES FRANÇAIS ONT POURTANT L'AIR CONTENTS.
ÇA NE VA PAS DURER LONGTEMPS, MONSIEUR LE PRÉSIDENT.
TOUT DE MÊME, MES MESURES FISCALES ÇA DOIT VOUS CONCERNER?
C'EST DES CADEAUX POUR LES RICHES.
ET REMPLACER UN FONCTIONNAIRE SUR DEUX, PARTANT EN RETRAITE?
VOUS ALLEZ AVOIR UN FONCTIONNAIRE SUR DEUX AVEC DES PANCARTES DANS LES RUES.
EN TOUT CAS, C'EST SÛR QUE JE VAIS AVOIR LA MAJORITÉ À L'ASSEMBLÉE NATIONALE.
OUI, SANS DOUTE. TANT MIEUX POUR VOUS. TANT PIS POUR LES ADEPTES DE LA PENSÉE UNIQUE.
AH, VOUS AVEZ ÉCOUTÉ MON DISCOURS DU HAVRE. LA PENSÉE UNIQUE C'EST CELLE DES INTELLOS DE LA RIVE GAUCHE, AVEC LEUR HAINE DE LA MODERNITÉ.
VOUS ÊTES UN SALE PETIT RÉAC. MONSIEUR LE PRÉSIDENT. MAIS JE CROIS QUE LES FRANÇAIS EN ONT MARRE DES GENS BIEN.

LES "GENS BIEN", C'EST BIEN CONNU, SONT BONS À RIEN, S'ILS N'ONT PAS LES MOYENS D'AGIR. ILS N'AGISSENT PAS. ALORS, RIEN NE SE FAIT.
AGIR, AGIR. LORSQU'ON N'A PAS D'IDÉES, ÇA SERT À QUOI ?
VOUS AVEZ PASSÉ VOTRE VIE À CHERCHER DES IDÉES. À QUOI CELA VOUS A-T-IL SERVI ? VOUS DOUTEZ DE TOUT ! ALLEZ, CIAO. J'AIME BIEN DISCUTER AVEC CEUX QUI NE M'ADULENT PAS.
N'HÉSITEZ PAS À ME CONSULTER MONSIEUR LE PRÉSIDENT.
WOLINSKI

SUR LE BANC
EN FACE DE CHEZ MOI. SUR LE TROTTOIR DU BOULEVARD ST-GERMAIN. IL Y A UN BANC OÙ UN CLOCHARD, ENROULÉ DANS UNE COUVERTURE, DORT SOUVENT.
ÇA PUE LA SUEUR!
ÇA SENT LA CIGARETTE!
IL EST BON, CE VIN?
NON
À QUOI PENSES-TU?
DEVINE!
IL FAUT TOUJOURS PARTIR AVANT QU'ON NE S'APERÇOIVE QUE VOUS N'ÊTES PLUS LÀ...
OUAIS OUAIS
JE VOIS OÙ TU VEUX EN VENIR.
J'AI ENCORE GROSSI.
OÙ AS-TU MIS TA CULOTTE?
DANS MON SAC.
WOLINSKI

ON N'A RIEN FAIT POUR LA ST-VALENTIN
JE ME GRATTE LA TÊTE, PENDANT QUE MA VOISINE SE GRATTE LE CUL. VAL ÉMET DES IDÉES. CAVANNA REMUE DES PENSÉES. RISS POSE UN PAQUET DE BISCUITS LU DEVANT LUI.
JE LES ENCULE, LES SONDAGES!
IL EN GRIGNOTE UN. CATHERINE CRAQUE. TEND UNE MAIN AVIDE. LES YEUX FERMÉS ELLE DÉGUSTE LE PETIT-BEURRE...
IL Y A UN CONSENSUS SUR L'IDÉE QU'IL N'Y A PAS D'ISSUE...
L'ISSUE, C'EST LE STATU QUO
ONCLE B SE LÈVE ET VIENT CHERCHER UN BISCUIT. CABU FOUILLE DANS SON CARTABLE EN CUIR BOUILLI. IL SORT UN VIEUX CROÛTON DE PAIN ENVELOPPÉ DANS DU PAPIER BIO. IL EN AVALE UNE BOUCHÉE. CABU A TOUJOURS DU PAIN DANS SON MATÉRIEL. JE REGARDE BOUGER LES LÈVRES..
.. DE CEUX QUI ONT DES CHOSES À DIRE. JE PENSE À LA BOUCHE PULPEUSE DE JEANINE. UNE PETITE BLONDE AVEC QUI J'AI FLIRTÉ LORSQUE J'AVAIS 20 ANS. ELLE ME FOURRAIT SA LANGUE JUSQUE DANS LA GORGE. ELLE ÉTAIT TRÈS JOLIE, ET ELLE AVAIT UN TRÈS GROS CUL.
LES BONNES CAUSES N'ONT PAS BESOIN DE BONS CLIENTS
ELLE ÉTAIT VIERGE, ET TENAIT BEAUCOUP À SON PUCELAGE. MAIS ELLE AIMAIT BEAUCOUP PARLER DU SEXE. ELLE S'ÉTAIT FAIT LÉCHER: « QU'EST-CE QU'ILS VONT CHERCHER! » M'A-T-ELLE DIT, EN FAISANT LA DÉGOÛTÉE. ON SE ROULAIT DES PELLES DANS L'ARRIÈRE-SALLE D'UN BISTROT CRASSEUX, FACE LA GARE DE FONTENAY-SOUS-BOIS. UN JOUR, ELLE M'A DIT: « TU SAIS, JE N'AI AUCUN PLAISIR À ME
FAIRE BÉCOTER. JE PENSE À LA FAÇON DONT MON INTERLOCUTEUR PLACE LA LANGUE. » J'ÉTAIS UN PEU SOUFFLÉ. ELLE ME DISAIT: « TU ME PLAIS, TU ES BEAU. » JE N'AVAIS AUCUN ENDROIT OÙ L'EMMENER. ELLE ME DISAIT: « LE SPERME C'EST UN PEU SUCRÉ. » JE RIAIS, MAL À L'AISE, EN LUI TOUCHANT UN PEU LES SEINS.
ON FAIT QUELQUE CHOSE POUR LA SAINT-VALENTIN?
ÇA VA ÊTRE TROP TARD
REISER DISAIT: « ON NE BAISE PLUS, ON S'AIME.. »

EN 2009, ON NE S'AIME PLUS, ON BAISE. LA RÉUNION CONTINUE À FAIRE LE POINT SUR L'ACTUALITÉ.

CELLULE DE CRISE
VOUS ÊTES ANGOISSÉ LE MATIN. C'EST NORMAL. VOUS N'ALLEZ PEUT-ÊTRE PAS FINIR LA JOURNÉE.
SI JE MEURS, J'AIMERAIS ME RÉINCARNER EN CHIEN.
IL VA FALLOIR QUE JE TE SORTE MATIN ET SOIR, SALE BÊTE !
CAPTEZ LES ÉNERGIES POUR LUTTER CONTRE LA TENTATION DU "RIEN". LE "RIEN", C'EST QUAND VOUS N'AVEZ ENVIE DE RIEN.
PLUS JE PENSE À RIEN, PLUS LA BÊTE QUI EST EN MOI SE RÉVEILLE...
LAVE-TOI LES MAINS AVANT DE M'ÉTRANGLER !
ABOYEZ, LARMOYEZ, POUSSEZ DES CRIS, BAVEZ GROGNEZ, TÉLÉPHONEZ À UN AMI QUI VOUS VEUT DU MAL.
JE PARTAGE TES OPINIONS, ESPÈCE D'ORDURE ! SAUF CELLE QUE TU AS SUR MOI.
SI ÇA NE VA PAS MIEUX, ESSAYEZ DE CROIRE EN QUELQUE CHOSE. JE SAIS CE N'EST PAS FACILE. LES CROYANTS SONT SI CONS ! MAIS ILS SONT UNE MULTITUDE. UNE MULTITUDE A TOUJOURS RAISON DE SE TROMPER. LA VÉRITÉ EST L'ENNEMIE DE LA SOCIÉTÉ. LA VÉRITÉ EST DÉSESPÉRANTE. SEUL LE MENSONGE EST PORTEUR D'ESPOIR, VENDEUR, ET CONSENSUEL.
MOI, QUAND JE VAIS MAL, JE SORS FAIRE DU SHOPPING. APRÈS ÇA JE VAIS MIEUX.
AH, LES FEMMES !
UNE JOURNÉE C'EST COMME UNE ÉPREUVE OLYMPIQUE. IL FAUT S'Y PRÉPARER. OUVRIR LA PORTE À SA PLENITUDE.
NE ME LAISSE PAS TOUT SEUL, J'AI PEUR !
FERME LA PORTE, IMBÉCILE !
SURPASSEZ-VOUS, CONSACREZ-VOUS À UNE CAUSE. DONNEZ LE MEILLEUR DE VOUS-MÊME.
ÉTRANGER, POURQUOI INSISTES-TU POUR DEVENIR OTAGE DE L'ARMÉE ISLAMIQUE ?
PARCE QUE JE VEUX QUE VOUS DONNIEZ 48 HEURES AUX PRÉSENTATRICES DE LCI POUR QU'ELLES PORTENT LE VOILE, SINON, VOUS M'EXÉCUTEZ !
NADJAF

NE CROYEZ-PAS QUE VOIR, ÉCOUTER, RESPIRER, CHIER, PISSER, BAISER, S'EXPRIMER, ÇA SUFFIT POUR VIVRE?
CE QUI COMPTE, C'EST "EXISTER". ET ON N'EXISTE QUE SI ON A UN BON PUBLIC.
ÉCOUTEZ CEUX QUI INTERPELLENT, COMME FRANÇOIS HOLLANDE.
...LA MAJORITÉ AU POUVOIR EST SANS VISION, SANS CAP, ET SANS AUTRE OBJECTIF QUE DE DURER...
ON EST TOUS COMME ÇA, HÉLAS!
WOLINSKI

JE SUIS FRANÇAIS, MOI, MON POTE !
JE SUIS FRANÇAIS, PARCE QUE JE ME SENS FRANÇAIS
MOI, JE SUIS FRANÇAIS PARCE QUE J'AIME LA FRANCE !
SI TU ES GLOUTON, ALCOOLO, COCHON, SUPPORTER, CATHO, COLÉREUX, CRACRA, GRIVOIS, PLEURNICHARD, MOQUEUR, MOUSTACHU, INFIDÈLE. TU N'ES PAS FORCÉMENT FRANÇAIS, MON POTE.
MAIS TU MÉRITES DE L'ÊTRE, MON POTE !
SI TU N'AS PAS LU VICTOR HUGO, ZOLA, MONTAIGNE, TU PEUX TOUT DE MÊME ÊTRE FRANÇAIS !
À CONDITION DE SAVOIR ENTONNER LA MARSEILLAISE !
« LE JOUR DE GLOIRE EST ARRIVÉ »
TU PEUX NE PAS SUPPORTER LA FRANCE ET ÊTRE FRANÇAIS !
IL Y A PLUS DE FRANÇAIS À LONDRES QUE DE LONDONIENS À PARIS !
IL Y A DEUX SORTES DE FRANÇAIS QUI S'ENTENDENT TRÈS BIEN ENSEMBLE. CEUX QUI PRÉFÈRENT VIVRE DANS UN PAYS DE GENS INTELLIGENTS DIRIGÉ PAR DES CONS, ET CEUX QUI PRÉFÈRENT VIVRE DANS UN PAYS DE CONS DIRIGÉ PAR DES GENS INTELLIGENTS !
C'EST ÇA, L'IDENTITÉ NATIONALE ! FAIRE LIBREMENT LE CHOIX D'ÊTRE CON, SANS QUE L'ÉTAT NOUS IMPOSE DE L'ÊTRE.
WOLINSKI

VIVE LA FRANCE!
ET VIVE LES FRANÇAIS!
ET LES FRANÇAISES!
LES ÉTRANGERS SONT DES MÉCHANTS, LES FRANÇAIS SONT GENTILS.
EN 68, IL Y A EU LA BANDE À BAADER EN ALLEMAGNE, LES BRIGADES ROUGES EN ITALIE. EN FRANCE, GRÂCE À L'HUMOUR, ON NE TUE PAS POUR RIEN. SEULS LES ÉTRANGERS TIRENT SUR LA FOULE.
EN FRANCE, ON EST SOIGNÉ, ON TOUCHE DES BONNES RETRAITES. NOS PRÉSIDENTS SONT PATERNELS, CONDAMNABLES, NOS PRÉSIDENTES SONT SEXY.
ON NE TOUCHE PAS QUE DES RETRAITES!
EN FRANCE, LE SYSTÈME ET LES CULOTTES SONT TRANSPARENTS, LES ÉVALUATIONS HASARDEUSES, LES STATISTIQUES CONTESTABLES, LES INFORMATIONS TWEETÉES...
COMME ÇA, ON EST TRANQUILLES. COMMENT VA DSK? IL Y A LONGTEMPS QU'IL N'EST PAS VENU JOUER AVEC NOUS?
IL EST BUSY
TWEET TWEET
EN FRANCE, ON CONSTRUIT DES AUTOS INVENDABLES, ON FABRIQUE DES SACS À MAIN COÛTEUX, DES PARFUMS QUI ODORENT LES SALOPES. LA FRANCE, PAYS DE L'INUTILE, DU LUXE POUR LES FORTUNÉS.
LA FRANCE, PAYS DU SEXE QUI PEUT ÊTRE MIS ENTRE TOUTES LES MAINS DES CANDIDATS À LA PRÉSIDENTIELLE
LE CUL C'EST LE PASSÉ! COMME DISAIT REISER : "AUJOURD'HUI, ON NE BAISE PLUS, ON S'AIME"
OH, OUI!
OH, OUI!
Adults Only
WOLINSKI

Pauvre présent !

ÇA Y EST, CHÉRIE, LE GOUVERNEMENT M'A CONFIÉ UNE MISSION !
ENFIN !
9000 EUROS PAR MOIS !
OUAH !
ÇA S'ARROSE !
ÇA S'AJOUTE AUX 6000 EUROS DE MA RETRAITE ET AUX 2000 EUROS COMME CONSEILLER GÉNÉRAL.
PLUS UNE VOITURE DE FONCTION AVEC CHAUFFEUR...
GÉNIAL !
... ET UN BUREAU D'ANGLE AVEC UN RÉFRIGÉRATEUR, UN DIVAN POUR LA SIESTE, UNE PLANTE VERTE ET UNE SECRÉTAIRE POUR L'ARROSER !
AU FAIT, C'EST QUOI TA MISSION ?
C'EST QUOI MA MISSION ?
AH, OUI ! ... SI JE M'EN SOUVIENS BIEN, UNE ÉTUDE SUR LA TRANSPARENCE DES RÉMUNÉRATIONS OCTROYÉES AUX ÉLUS CHARGÉS DE MISSION PAR L'ÉTAT.
ÇA ME PARAÎT TOUT À FAIT DANS TES CORDES !
WOLINSKI

AU LIEU DE CRÉER UN SOMMET POUR SAUVER LE TIGRE, IL VAUDRAIT MIEUX ORGANISER UN DÉBAT POUR SAUVER LE FRANÇAIS.
PAUVRE BÊTE!
AU LIEU D'ASSURER LE FUTUR DES IRLANDAIS, IL VAUDRAIT MIEUX ASSURER LE PRÉSENT DES MARSEILLAIS.
PAUVRE PRÉSENT!
LES MÉDIAS NE S'INTÉRESSENT QU'À CE QUI SE PASSE AILLEURS: KARACHI, LA BOSNIE, L'ITALIE, BUCKINGHAM, LE SAPHIR DE KATE...
GOD SAVE THE QUEEN!
C'EST FINI, LE TRAVAIL! LA POLITIQUE, L'ÉDUCATION, LA SANTÉ, LES MAISONS DE RETRAITE, LE STRESS, C'EST DEVENU DU "BISENESS"!
LE TRAVAIL MANQUE DE PERSPECTIVES!
UN JOUR, J'ÉCRIRAI UN ROMAN OÙ JE METTRAI EN ÉVIDENCE LE VIDE DE MA PENSÉE, MON INCOMPRÉHENSION DU MONDE QUI M'ENTOURE, ET L'INUTILITÉ DE MON EXISTENCE.
C'EST VENDEUR! ON CROIRAIT DU HOUELLEBECQ!
LE PAPE BÉNIT LA CAPOTE. POUR QUOI FAIRE? ON NE FAIT PLUS CE QU'IL NE FAUT PAS FAIRE! LE SEXE EST BANALISÉ.
HEUREUSEMENT, LA MORALE REVIENT AU GALOP!
WOLINSKI

STOCKHOLM.
IL PARAÎT QU'EN SUÈDE, LE SYSTÈME DE RETRAITE FONCTIONNE BIEN.
ON N'Y COMPREND RIEN, MAIS ÇA FONCTIONNE !
JE ME DEMANDE POURQUOI ÇA NE MARCHE PAS EN FRANCE. ON REPROCHE MÊME AUX GENS ÂGÉS DE VIVRE TROP LONGTEMPS, DE DÉPENSER TROP POUR LEUR SANTÉ !
EN SUÈDE, NOUS AVONS INSTITUÉ UN SYSTÈME À LA CARTE. CHAQUE RETRAITÉ EST UN CAS À PART.
EN 1950, L'ESPÉRANCE DE VIE À LA NAISSANCE ÉTAIT DE 69 ANS POUR LES FEMMES, ET 63 POUR LES HOMMES. AUJOURD'HUI ON APPROCHE DE 90.
EN SUÈDE AUSSI, MAIS LES RETRAITÉS ONT CONFIANCE DANS L'AVENIR !
EN FRANCE, NI LES VIEUX NI LES JEUNES N'ONT CONFIANCE DANS L'AVENIR. L'AVENIR EST UN VOLCAN EN ÉRUPTION QUI NOUS COUVRE DE CENDRES !
L'AVENIR N'EST QU'UN MAUVAIS MOMENT À PASSER !
IL FAUT QUE NOTRE GOUVERNEMENT SE RENDE ENFIN COMPTE QUE LE BONHEUR DES RETRAITÉS EST UN TRÉSOR PUBLIC.
QUE VEUX-TU DIRE PAR LÀ ?
À UN MOMENT OÙ LES USINES SE DÉLOCALISENT, LES MODESTES REVENUS DES RETRAITÉS CONSTITUENT DES RESSOURCES NON NÉGLIGEABLES POUR DES VILLES ACCUEILLANTES. LES DÉPENSES DE CEUX QUI SE CONTENTENT DE PEU PEUVENT ENRICHIR LES ZONES RÉSIDENTIELLES.
ÇA, C'EST LE DÉBUT DE LA SAGESSE !
WOLINSKI

QUE PENSEZ-VOUS, CHER MONSIEUR, DU PROBLÈME DES RETRAITES?
JE PENSE QUE LE PROBLÈME DES RETRAITES, C'EST QUE LES RETRAITÉS N'ONT PAS DE PROBLÈMES.
QUE VOULEZ-VOUS DIRE PAR LÀ?
LES RETRAITÉS PORTENT DES JEANS, EMMÈNENT LEURS ORDINATEURS À MARRAKECH, VIVENT DE PLUS EN PLUS LONGTEMPS...
LES SENIORS ONT LES MOYENS DE VIVRE AU-DESSUS DE LEURS MOYENS. CE SONT LES ACTIFS QUI ONT LEURS COMPTES DANS LE ROUGE.
ÊTES-VOUS D'ACCORD POUR REPORTER L'ÂGE LÉGAL DE LA RETRAITE?
BIEN SÛR! IL FAUT FAIRE PAYER LES VIEUX! LA VIE COMMENCE À 60 ANS!
ET VOUS ÊTES D'ACCORD AUSSI POUR TRAVAILLER PLUS LONGTEMPS?
QU'EST-CE QUE VOUS FAITES CE SOIR? SI ON DÎNAIT ENSEMBLE? ET PUIS ON IRAIT BOIRE UN DERNIER VERRE DANS MON LOFT. MMM! QU'EST-CE QUE TU SENS BON!
MAIS LÂCHEZ-MOI!
TU NE RISQUES RIEN, MA CHÉRIE. JE BANDE ET JE BAISE, MAIS C'EST JAMAIS AU MÊME MOMENT! HA! HA! HA!
MERCI, CHER MONSIEUR, POUR CET ENTRETIEN PARTICULIÈREMENT INTÉRESSANT SUR LA RÉFORME DES RETRAITES.
WOLINSKI

LES AFFAIRES QUI PUENT, LE FOOT MAL ÉLEVÉ, LA POLITIQUE MAL À L'AISE, LES 60 ANS DANS LA RUE, LES JEUNES QUI SE TORCHENT. ET MOI, DANS LA PISCINE DE MON AMI VINCENT, À GORDES, VAUCLUSE. JE ME FAIS MASSER PAR LA CHARMANTE ÉMILY. ELLE EST PAS BELLE LA VIE!
LA CRISE FAIT LE BONHEUR DES ÉDITORIALISTES, ET LE MALHEUR DES DÉÇUS DU SARKOZYSME. DEMAIN, NOUS RISQUONS LA RIGUEUR DE GAUCHE, AU LIEU DE L'AUSTÉRITÉ DE DROITE. L'ÉPOQUE A CHANGÉ. QUAND LES FRANÇAIS LE COMPRENDRONT-ILS?
LA CHINE, L'INDE SONT DEVENUES LES ÉPICIERS ARABES DE L'OCCIDENT ET DE L'ORIENT. JOUR ET NUIT, ILS VENDENT LEUR CAMELOTE. ET NOUS, NOUS NE SOMMES PLUS BONS QU'À FABRIQUER DES SACS VUITTON, DES FOULARDS HERMÈS, ET DES LÉGIONS D'HONNEUR.
NOTRE INCURABLE PESSIMISME EST LE TERRAIN OÙ POUSSE LE GERME DE LA RÉVOLUTION, PENDANT QUE LES FANTOMATIQUES SYNDICATS PROMÈNENT LEURS ILLUSOIRES REVENDICATIONS DANS LES ALLÉES DU POUVOIR.
LES SOCIALOS SE SERRENT LES UNS CONTRE LES AUTRES, EN CROYANT QUE C'EST ARRIVÉ, QU'ENFIN, IL EST TEMPS. QUE TOUT VA CHANGER. MÊME EUX. MÊME DSK "LAISSEZ-MOI TRAVAILLER!", MÊME SÉGOLÈNE "LIBERTUDE, ÉGALITUDE, FRATERNITUDE."
DES MASSAGES PAYÉS POUR TOUS, AVEC UNE BONNE SIESTE OBLIGATOIRE, VOILÀ UNE RÉFORME SALUTAIRE QUE DEVRAIT INSTAURER SARKOZY, POUR DÉSTRESSER LES FRANÇAIS. VOUS VERREZ QU'APRÈS ÇA IRA MIEUX. N'EST-CE PAS ÉMILY?
OUI, GEORGES.
WOLINSKI

PARKING
CENTRE COMMERCIAL
LINGERIE
TA SOEUR, JE L'ADMIRE. ELLE NE QUITTE JAMAIS SA BURQA!
ELLE DIT QU'ELLE NE SE SENT BIEN DANS SA PEAU QUE LORSQU'ON NE LA VOIT PAS!
WOLINSKI

DOCTEUR, MON MARI EST ATTEINT DE PESSIMISME AIGU!
PEUT-ON SAVOIR, CHER MONSIEUR, CE QUI PROVOQUE CE PHÉNOMÈNE ?
TOUT VA MAL! MÊME CE QUI VA BIEN!
AH LÀ LÀ! CE N'EST PAS FACILE DE VIVRE AVEC UN HOMME QUI VOIT TOUT EN NOIR!
CHÈRE MADAME, LE VIRUS DU PESSIMISME SE RÉPAND À TOUTE VITESSE. IL FAUT PROTÉGER VOTRE MARI.
TOUT D'ABORD, MONSIEUR, BUVEZ LE PLUS POSSIBLE DU VIN. ÉVITEZ DE REGARDER LA TÉLÉ, ET SURTOUT, NE LISEZ AUCUN JOURNAL. MANGEZ BEAUCOUP. GOINFREZ-VOUS! GROSSISSEZ! DORMEZ LE PLUS POSSIBLE!
NE SOYEZ PAS AU COURANT DES NOUVELLES CALAMITEUSES COLPORTÉES PAR LES MÉDIAS. PARTOUT ON TUE, ON TERRORISE, ON EXÉCUTE!... EN ALGÉRIE, EN TUNISIE, EN ARIZONA, AU SAHEL. TENEZ! UNE ORDONNANCE. AVEC CE SOPORIFIQUE, VOUS ALLEZ DORMIR COMME UN ANGE!
ET SURTOUT, CHÈRE MADAME, QU'IL NE SACHE RIEN DE CE QUI SE PASSE DANS LE MONDE.
MERCI DOCTEUR, J'Y VEILLERAI
ÇA VA DÉJÀ MIEUX!
WOLINSKI

PSYCHANALYSE DES FRANÇAIS
INQUIETS
ANGOISSÉS
DÉÇUS
GROGNONS
IMPUISSANTS
ÉPLORÉS
GAGAS
NULS
ANXIEUX
FATIGUÉS
MORNES
DÉPRIMÉS
AIGRIS
QUEL EST VOTRE DIAGNOSTIC SUR L'ÉTAT DE LA SOCIÉTÉ FRANÇAISE, MONSIEUR LE MÉDIATEUR DE LA RÉPUBLIQUE ?
LA SOCIÉTÉ VA MAL MAIS LES FRANÇAIS VONT BIEN.
POURQUOI ÊTES-VOUS AUSSI DÉPRIMÉS DANS LES BANLIEUES À RISQUE ?
SI Y A PLUS D'CARBURANT, AVEC QUOI QU'ON VA BRÛLER LES BAGNOLES ?
MON APPART EST RIQUIQUI. MA BAGNOLE EST RINGARDE, MON BOULOT EST CASSE-BONBONS. MA FEMME EST MAUSSADE. MES ENFANTS SONT MAL ÉLEVÉS, ET ON VEUT QUE J'AIE LE MORAL !
C'EST LA VIE, MONSIEUR ! VOUS VOYEZ CE QUE J'VEUX DIRE ?
VOUS, VOUS FERIEZ UNE BONNE PSY !
MADAME, VOUS AVEZ UN REVOLVER DANS LA CULOTTE.
CONTRÔLE SCANNER
J'AI PAS DE CULOTTE !
CHOUCHOU, QUAND JE PENSE À TOUS CES GENS QUI RESTENT À SE LES GELER EN FRANCE, ET NOUS, ON EST AU SOLEIL, À SE BRONZER SUR UNE ÎLE DE RÊVE !
TU VEUX QUE JE TE DISE, MON ANGE, ÇA AJOUTE AU BONHEUR !
MONSIEUR FILLON, NE RÊVEZ-VOUS PAS DE DIRIGER CE PAYS D'UNE MAIN FERME ?
MOI, CE DONT JE RÊVE, C'EST DE CONDUIRE UNE FERRARI À 300 À L'HEURE.. VROOM ! VROOM !
WOLINSKI

JE NE SUIS PAS UN PRIVILÉGIÉ.
MOI NON PLUS!
MAIS JE NE SUIS PAS UN MALHEUREUX!
MOI NON PLUS!
ET JE DOIS AVOUER QUE, PAR LES TEMPS QUI COURENT, J'EN AI RAS LE BOL!
MOI AUSSI!
NON SEULEMENT ÇA VA MAL: C'EST LA CRISE, LE CHÔMAGE, LES VOLCANS, LE MORAL À ZÉRO, L'EURO EN BAISSE, LA RETRAITE MENACÉE, LA JEUNESSE DÉFONCÉE, TRAVAILLER PLUS POUR GAGNER MOINS, MAIS IL YA PIRE! C'EST LA MÉTÉO!
QUEL SALE TEMPS!
LE CIEL EST OBSCUR COMME UN TABLEAU DE SOULAGES. EST-CE NORMAL QUE LA MÉTÉO MENACE AUTANT LES GENS BIEN QUE LA POPULACE? LES GENS RESPECTABLES NE DEVRAIENT PAS AVOIR À SOUFFRIR DE TEMPÉRATURES HORS DE SAISON!
LES JOURNAUX DONNENT UNE TROP GRANDE PLACE AUX PROVOCATIONS DE LA MÉTÉO!
POURQUOI LE SOLEIL NE BRILLE-T-IL QUE SUR LES DÉSERTS, LES JUNGLES, LES SAVANES, LES LACS ÉQUATORIAUX, AFRICAINS, SAUVAGES? LA MÉTÉO EST ANTI-EURO, ANTI-OCCIDENTALE, ANTIPATHIQUE
IL NE MANQUERAIT PLUS QUE CET ÉTÉ ON SE LES GÈLE À MARRAKECH!
WOLINSKI

SUR QUOI ALLONS-NOUS TITRER ?
LA CANICULE À MOSCOU.
L'INSÉCURITÉ EN FRANCE.
LA DÉCHÉANCE DE LA NATIONALITÉ POUR LES POLYGAMES.
ROCARD S'ATTAQUE À SARKOZY.
LES SENS ONT-ILS UN SENS ?
L'UNIVERS A-T-IL UN SENS ?
VOUS N'AVEZ RIEN DE PLUS MARRANT, COMME SUJET ?
IL N'Y A PLUS D'AVENIR !
C'ÉTAIT MIEUX AVANT !
L'ESPOIR EST SANS LENDEMAIN !
APRÈS-DEMAIN EST CATASTROPHIQUE !
QU'EST-CE QUE TU FAIS CE SOIR ?
J'HÉSITE ENTRE LE RÊVE ET LA RÉALITÉ.
NOS LECTEURS VEULENT DES SOLUTIONS À LEURS ANGOISSES !
PRIONS DIEU !
VIVEZ AU-DESSUS DE VOS MOYENS !
BUVONS DES ALCOOLS FORTS !
FAISONS L'AMOUR AVEC LA FEMME DE NOTRE VIE !
NE LISONS PAS LES JOURNAUX !
WOLINSKI

Soyons sérieux !

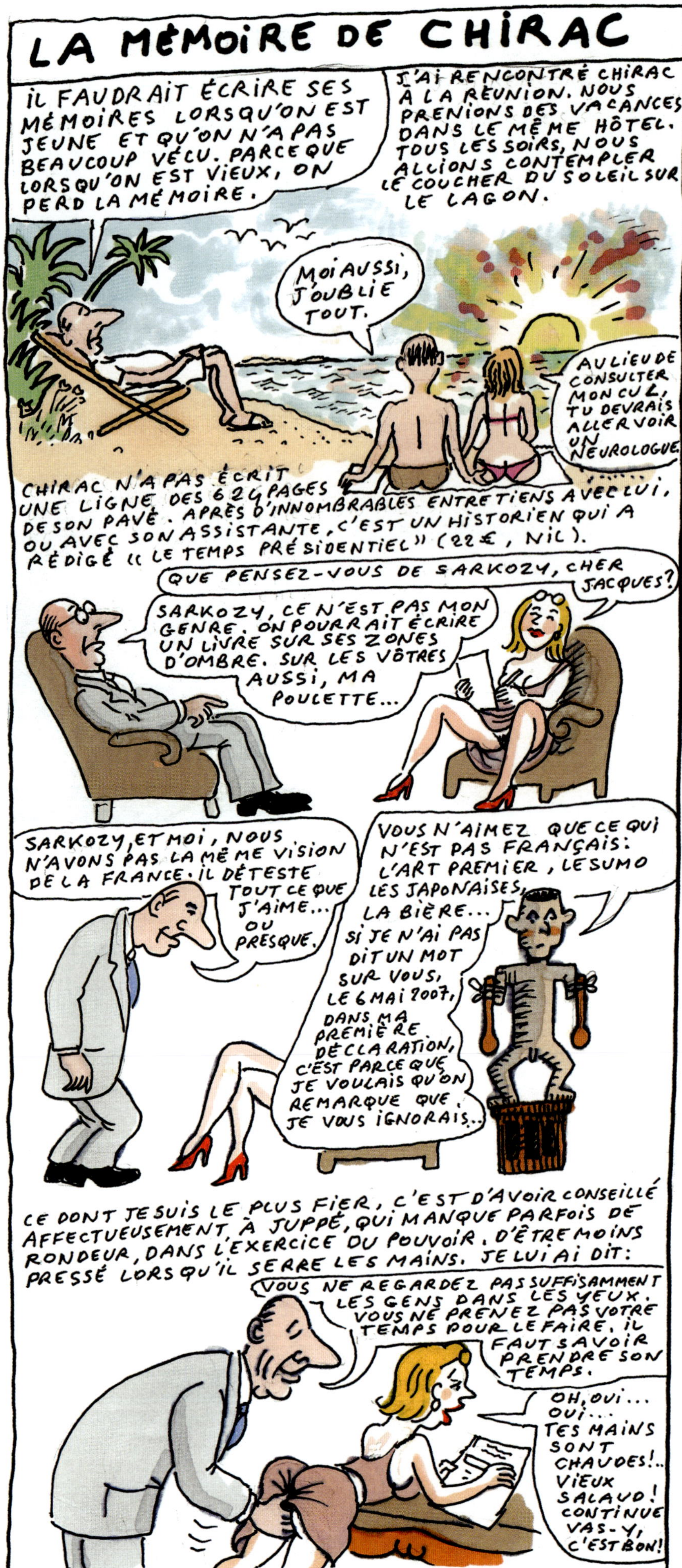
LA MÉMOIRE DE CHIRAC
IL FAUDRAIT ÉCRIRE SES MÉMOIRES LORSQU'ON EST JEUNE ET QU'ON N'A PAS BEAUCOUP VÉCU. PARCE QUE LORSQU'ON EST VIEUX, ON PERD LA MÉMOIRE.
J'AI RENCONTRÉ CHIRAC À LA RÉUNION. NOUS PRENIONS DES VACANCES DANS LE MÊME HÔTEL. TOUS LES SOIRS, NOUS ALLIONS CONTEMPLER LE COUCHER DU SOLEIL SUR LE LAGON.
MOI AUSSI, J'OUBLIE TOUT.
AU LIEU DE CONSULTER MON CUL, TU DEVRAIS ALLER VOIR UN NEUROLOGUE.
CHIRAC N'A PAS ÉCRIT UNE LIGNE DES 624 PAGES DE SON PAVÉ. APRÈS D'INNOMBRABLES ENTRETIENS AVEC LUI, OU AVEC SON ASSISTANTE, C'EST UN HISTORIEN QUI A RÉDIGÉ « LE TEMPS PRÉSIDENTIEL » (22 €, NIL).
QUE PENSEZ-VOUS DE SARKOZY, CHER JACQUES ?
SARKOZY, CE N'EST PAS MON GENRE. ON POURRAIT ÉCRIRE UN LIVRE SUR SES ZONES D'OMBRE. SUR LES VÔTRES AUSSI, MA POULETTE...
SARKOZY, ET MOI, NOUS N'AVONS PAS LA MÊME VISION DE LA FRANCE. IL DÉTESTE TOUT CE QUE J'AIME... OU PRESQUE.
VOUS N'AIMEZ QUE CE QUI N'EST PAS FRANÇAIS : L'ART PREMIER, LE SUMO LES JAPONAISES, LA BIÈRE...
SI JE N'AI PAS DIT UN MOT SUR VOUS, LE 6 MAI 2007, DANS MA PREMIÈRE DÉCLARATION, C'EST PARCE QUE JE VOULAIS QU'ON REMARQUE QUE JE VOUS IGNORAIS...
CE DONT JE SUIS LE PLUS FIER, C'EST D'AVOIR CONSEILLÉ AFFECTUEUSEMENT À JUPPÉ, QUI MANQUE PARFOIS DE RONDEUR, DANS L'EXERCICE DU POUVOIR, D'ÊTRE MOINS PRESSÉ LORSQU'IL SERRE LES MAINS. JE LUI AI DIT :
VOUS NE REGARDEZ PAS SUFFISAMMENT LES GENS DANS LES YEUX. VOUS NE PRENEZ PAS VOTRE TEMPS POUR LE FAIRE. IL FAUT SAVOIR PRENDRE SON TEMPS.
OH, OUI... OUI... TES MAINS SONT CHAUDES !.. VIEUX SALAUD ! CONTINUE VAS-Y, C'EST BON !

J'AI RENCONTRÉ SARKOZY, À L'ÉLYSÉE, LE JOUR DE LA REMISE DE LA LÉGION D'HONNEUR À MON AMI ADRIEN MAEGHT. IL PARTAIT, PRESSÉ, COMME TOUJOURS. J'ÉTAIS SUR SON CHEMIN. JE SUIS WOLINSKI, LUI AI-JE DIT. IL S'EST ARRÊTÉ, M'A SERRÉ LA MAIN. JE L'AI REMERCIÉ POUR AVOIR, LORS DU PROCÈS DE "CHARLIE HEBDO", INTENTÉ PAR LES FRÈRES MUSULMANS, ÉCRIT UNE LETTRE À NOS AVOCATS, OÙ IL DISAIT: «JE PRÉFÈRE L'EXCÈS DE CARICATURES À PAS DE CARICATURES DU TOUT.» IL ÉTAIT CONTENT, ET COMME IL REGARDAIT MON RUBAN ROUGE, JE LUI AI DIT: «C'EST CHIRAC QUI M'A DÉCORÉ». ALORS, IL M'A CHUCHOTÉ:..
C'EST TOUT DE MÊME MIEUX MAINTENANT, NON?..
LÂCHEMENT, JE LUI AI DIT: «BIEN SÛR MONSIEUR LE PRÉSIDENT.»
WOLINSKI

CONSEILS ÉCLAIRÉS
AUX MENDIANTS
AYEZ HONTE DE TENDRE LA MAIN, SINON ON NE VOUS DONNERA RIEN.
DEUX EUROS POUR MANGER S'IL VOUS PLAÎT..
AUX ASSASSINS
NE TUEZ QUE DES GENS QUE VOUS NE CONNAISSEZ PAS, SINON ON RETROUVERA VOS TRACES.
AUX BAISEURS
NE BAISEZ QUE DES FEMMES POUR LESQUELLES VOUS N'ÉPROUVEZ AUCUN SENTIMENT, SINON VOUS N'OSEREZ PAS LEUR FAIRE CE QU'ELLES NE VEULENT PAS FAIRE MAIS QU'ELLES NE SONT PAS MÉCONTENTES QU'ON LEUR FASSE.
VOTEZ "TÊTE À CLAQUES"
AUX ÉLECTEURS
VOTEZ POUR CELUI QUE VOUS AIMEZ LE MOINS. COMME ÇA VOUS NE SEREZ PAS DÉÇU !
AUX DRAGUEURS
ÉVITEZ LES SOURIANTES, LES DÉCOLLETÉES, LES COURT VÊTUES. LES MEILLEURS COUPS, CE SONT LES DISCRÈTES, LES SÉRIEUSES. SORTEZ VOTRE BITE, ELLES VOUS SUCERONT CONSCIENCIEUSEMENT, RELIGIEUSEMENT, EFFICACEMENT.
MERCI BEAUCOUP, CHÉRIE.
GLOUP !

AUX ÉPOUX DES FEMMES FIDÈLES
ATTENTION! ELLES VOUS FERONT PAYER CHER LEUR VERTU. SI ELLES NE VOUS TROMPENT PAS, ELLES VOUS HAÏRONT. ET SI ELLES VOUS TROMPENT, ELLES FERONT L'AMOUR AVEC VOUS LE SOIR EN PENSANT À LA CHAMBRE D'HÔTEL OÙ ELLES SE SONT FAIT ENFILER L'APRÈS-MIDI PAR UN TRÈS BON COPAIN.
AH OUI! AH OUI! VAS-Y!
AAH!
WOLINSKI

L'AVENIR PUE !
BIENTÔT ON VOYAGERA DEBOUT DANS LES AVIONS.
LES HÔTELS AURONT DES CHAMBRES SANS LITS.
J'AI UNE PLACE CÔTÉ COULOIR.
LES GENS COMME TOUT LE MONDE RECEVRONT UNE CARTE DE FRANÇAIS MOYEN. QUI LEUR PERMETTRA DE DIRE N'IMPORTE QUOI.
... OÙ ALLONS-NOUS ? C'EST LA FIN DES HARICOTS ! QU'EST-CE QU'ON A FAIT AU BON DIEU ?
C'ÉTAIT MIEUX AVANT ! Y EN A MARRE ! ON VA DANS LE MUR ! Y A PLUS D'ESPOIR !
LA PRESSE INTERNATIONALE DÉCOUVRE QU'IL Y A UN PROBLÈME AVEC SARKOZY.
IL EST GIVRÉ !
ÇA VA PAS DANS SA TÊTE !
IL PREND TROP DE COKE !
C'EST UNE GIROUETTE OPPORTUNISTE !
C'EST UN VOYOU !
ON NE SAIT PLUS À QUEL SEIN SE VOUER ?
SNIF !
LES PROCHES DE SARKOZY SE CROIENT TOUT PERMIS.
CE CONNARD A FAIT UN DESSIN IRRESPECTUEUX SUR MON AMI LE PRÉSIDENT SARKOZY.
BON, ÇA VA POUR CETTE FOIS, CIRCULEZ !

SOUVENIRS
DU TEMPS PASSÉ
JE CHERCHE UN SOUVENIR HEUREUX, POUR FAIRE UN CADEAU.
DÉSOLÉ. JE N'AI PLUS QUE DES MAUVAIS SOUVENIRS !
WOLINSKI

HARCÈLEMENT SEXUEL
JE VAIS VOUS MONTRER VOTRE BUREAU. JE VOUS AI INSTALLÉ AVEC ÉDITH.
ÉDITH ?
C'EST MA PRINCIPALE COLLABORATRICE, ELLE EST COMPÉTENTE, ET BIEN ROULÉE !
ET JE VAIS ÊTRE SEUL AVEC ELLE ?
OUI, ESPÈCE DE VEINARD !
MAIS JE NE VEUX PAS ÊTRE SEUL AVEC UNE FEMME !
POURQUOI ?
J'AI PEUR QU'ON M'ACCUSE DE HARCÈLEMENT SEXUEL.
HA HA HA ! ÉDITH, JE VOUS PRÉSENTE OLIVIER. IL VA TRAVAILLER AVEC VOUS.
BONJOUR, MADAME.
OLIVIER A PEUR QU'ON L'ACCUSE DE VOUS HARCELER SEXUELLEMENT. BON ! JE VOUS LAISSE.
BONJOUR, OLIVIER.
JE DÉBARRASSE TON BUREAU, OLIVIER. INSTALLE-TOI. ON SE TUTOIE...
JE T'AVERTIS : SI TU ME TOUCHES, JE PORTE PLAINTE.
OH, MAIS IL N'EN EST PAS QUESTION, MADAME.
ET SI MOI, JE TE TOUCHE, EST-CE QUE TU PORTES PLAINTE ?
MAIS, QU'EST-CE QUE VOUS FAITES ?

LÂCHEZ-MOI ! SOYEZ GENTILLE...
POURQUOI ? CE N'EST PAS GENTIL, CE QUE JE TE FAIS ?
VAS-TU PORTER PLAINTE POUR HARCÈLEMENT SEXUEL, PETIT SALAUD !
NON, NON !
ÇA A L'AIR DE BIEN SE PASSER.
WOLINSKI

TOUT CE QUI EST BON !
LA BONNE CHÈRE
NOUS VENONS INSPECTER VOTRE REPAS FAMILIAL AFIN DE SAVOIR S'IL PEUT ÊTRE INSCRIT AU PATRIMOINE CULTUREL IMMATÉRIEL DE L'UNESCO.
LA SPÉCIALITÉ FRANÇAISE DU MOMENT C'EST : "LA SOUPE À LA GRIMACE" !
LES BONS COUPS
MA CHÉRIE, S'IL TE PLAÎT, MANIFESTE TON ENTHOUSIASME SINON NOTRE COPULATION NE SERA PAS INSCRITE AU PATRIMOINE CULTUREL IMMATÉRIEL DE L'UNESCOÏT !
DONNE-MOI DES GRANDS COUPS ! AH OUI ! C'EST BON !
LES BONS LIVRES
APRÈS INSPECTION, VOTRE ROMAN, MONSIEUR HOUELLEBECQ, MÉRITE PEUT-ÊTRE LE PRIX GONCOURT MAIS NE PEUT EN AUCUN CAS ÊTRE INSCRIT AU PATRIMOINE CULTUREL IMMATÉRIEL DE L'UNESCO, ÉTANT DONNÉ SA VISION DÉSENCHANTÉE DE TOUT CE QUI EST BON : LE DÉSIR, L'AMOUR, LA SEXUALITÉ, LA CHARCUTERIE, LE FROMAGE. VOUS ÊTES EN EXTASE DEVANT LA NULLITÉ DE VOTRE QUOTIDIEN.
SARKOZY EST UN HÉROS "HOUELLEBECQUIEN" EN LUTTE CONTRE TOUT CE QUI EST BON. J'EMMERDE L'UNESCO !

LES BONS PROJETS
MONSIEUR LE PRÉSIDENT, VOUS N'AVEZ AUCUNE CHANCE, SI VOUS NE MODIFIEZ PAS VOTRE IMAGE, D'ÊTRE INSCRIT AU PATRIMOINE CULTUREL IMMATÉRIEL DE L'UNESCO. VOS DISCOURS MANQUENT DE SOUFFLE, ET D'INSPIRATION. VOUS NE FAITES PAS RÊVER LES FRANÇAIS !
JE NE CHERCHE PAS À LES FAIRE RÊVER, JE CHERCHE À LES ENDORMIR.
LES BONS COÛTS
L'EURO, NOTRE MONNAIE FÉTICHE, NE PEUT, HÉLAS ! ÊTRE INSCRIT AU PATRIMOINE CULTUREL IMMATÉRIEL DE L'UNESCO. L'EURO NE VAUT RIEN EN IRLANDE, EN GRÈCE, AU PORTUGAL.
BIEN SÛR, COMME D'HABITUDE, L'UNION EUROPÉENNE VA LE RENFLOUER. MAIS LE SURENDETTEMENT PLOMBE LA CROISSANCE.
CASSEZ-VOUS, PAUVRES CONS !
WOLINSKI

LES HOMMES AIMENT QUE LES FEMMES FASSENT LEUR BONHEUR.
LE PROBLÈME, C'EST QUE LE BONHEUR DES HOMMES A SOUVENT FAIT LE MALHEUR DES FEMMES...
LA SOLUTION, CE SERAIT UN GOUVERNEMENT FÉMININ, DANS LEQUEL IL N'Y AURAIT QUE QUELQUES HOMMES.
COMMENT N'Y AVONS-NOUS PAS PENSÉ PLUS TÔT ?
BRAVO !
SIMONE DE BEAUVOIR A ÉCRIT : «ON NE NAÎT PAS FEMME, ON LE DEVIENT.»
ET SI EN DEVENANT FEMME J'ÉTAIS OBLIGÉE DE PORTER UNE BURQA, QUE DIRAIS-TU ?
MON MARI DIT : «LES FEMMES SONT DES HOMMES COMME LES AUTRES.»
C'EST POUR ÇA QUE JE PRÉFÈRE LES FEMMES !
MESDAMES, LA SEULE SOLUTION POUR AMÉLIORER NOTRE CONDITION, C'EST DE CESSER D'ÊTRE DES "BONNES FEMMES".
JOURNÉE DE LA FEMME
RASSURER LES AGRICULTEURS, C'EST FACILE. Y A QU'À LEUR FAIRE DES PROMESSES. RASSURER LES FEMMES, C'EST FACILE, Y A QU'À LEUR FAIRE DU CHARME. CE QUI EST DEVENU DIFFICILE, C'EST DE RASSURER MES SYMPATHISANTS.
WOLINSKI

SOYONS SÉRIEUX!
QUELS NICHONS!
OH!
QUEL CUL!
OH!
VOUS N'AVEZ PAS HONTE DE VOUS COMPORTER AINSI, MONSIEUR CHIRAC?
MAIS C'EST LE CHOUCHOU DE CARLA! ON VA SE BOIRE UNE BIÈRE AU FOUQUET'S?
IL PARAÎT QUE TA COTE CESSE DE DÉGRINGOLER... HA! HA! HA! ON SE SERRE LA LOUCHE?
LES AGITATIONS, LES FOLIES, LES ÉTRANGETÉS, IL FAUT LES LAISSER DE CÔTÉ. IL FAUT TRAVAILLER AVEC SÉRIEUX ET SUR LE FOND. C'EST LA SEULE STRATÉGIE PAYANTE...
CASSE-TOI, PAUVRE CON!
WOLINSKI

N'ayez pas peur

VOTEZ "SALE MEC"!
VOUS VOULEZ SAVOIR POURQUOI IL FAUT VOTER SARKOZY? MOI, JE VAIS VOUS LE DIRE.
PARCE QUE C'EST UN SALE MEC!
SI LA FRANCE EST UN GRAND PAYS, C'EST PARCE QUE LES FRANÇAIS NE SONT PAS DES GENS BIEN.
QUE PRÉFÉREZ-VOUS? UN CUL-BÉNIT CONSTIPÉ, COMME DE GAULLE, UN GROS MALIN COMME POMPIDOU, UN COINCÉ COMME GISCARD, UN DÉCONNEUR COMME CHIRAC, OU UN SALE MEC QUI RESTE IMMOBILISÉ POUR LA DÉFENSE DES FRANÇAIS COMME SARKO?
JE N'AIME PAS LES GENS COMME IL FAUT. MAIS JE PRÉFÈRE AVOIR, À LA TÊTE DU PAYS, UN SALE MEC DE DROITE QU'UN PAUVRE CON DE GAUCHE. JE PRÉFÈRE UN SARKOZY QUI NE CHAMBOULE RIEN À UN MÉLENCHON QUI VEUT CHAMBOULER 2012. D'AILLEURS HOLLANDE, SARKOZY, MÉLENCHON, C'EST PAREIL! ILS FONT DU SPECTACLE POUR FAIRE RIGOLER LES ÉLECTEURS DEVANT LA TÉLÉ, EN BUVANT L'APÉRO. LES FRANÇAIS SE DISENT: MON APPART EST RIQUIQUI, MA BAGNOLE EST TARTIGNOLE, MON BOULOT EST CASSE-BONBONS, MES GOSSES SONT CASSE-PIEDS. MA COMPAGNE COUCHE AVEC UN PROCHE. JE ME VENGE DE MA VIE DE SALE CON EN VOTANT "SALE MEC" PLUTÔT QUE POUR UN "CAPITAINE DE PÉDALO DANS UNE SAISON DE TEMPÊTE", COMME RICANE LE CAPORAL-CHEF DU FRONT DE GAUCHE, MÉLENCHON.
BRAVO!
C'EST VIRIL D'ÊTRE UN SALE MEC!
WOLINSKI

LA FRANCE NE PEUT PAS RESTER IMMOBILE
TOUT VA MAL! TOUT SE DÉGLINGUE! ON NE CROIT PLUS EN RIEN.
LA FRANCE EST UN MAUVAIS ROMAN, ÉCRIT PAR DES ÉCRIVAINS QUI RACONTENT LEUR VIE SANS INTÉRÊT.
RÉUSSIR EST DEVENU MÉPRISABLE DANS UN PAYS DÉSERTÉ PAR LES OPULENTS QUI VONT VIVRE EN SUISSE, EN BELGIQUE OU AU MAROC.
ICI, IL NE RESTE QUE DES HAINEUX, DES AIGRIS, DES FAUCHÉS, DES MINABLES...
LE MINABLE MÉPRISE L'AMBITION. IL PREND DU PLAISIR À SA MÉDIOCRITÉ. IL VIT DANS UNE BANLIEUE SENSIBLE. SA FEMME S'EMMERDE AVEC LUI. COMME TOI, AVEC TON MARI. HEUREUSEMENT QUE JE SUIS LÀ POUR TE DONNER UN PEU DE PLAISIR!
À PROPOS, TU EN AS ENCORE POUR LONGTEMPS?
JE VAIS CONCLURE, JE VAIS CONCLURE!
« NOTRE PAYS NE PEUT PAS RESTER IMMOBILE » A DIT SARKOZY. JE VAIS TE FINIR À LA MAIN, MON POULET!
IL NE DIT PAS QUE DES CONNERIES, CELUI-LÀ!
WOLINSKI

ATTENDS!
ATTENDS!.. ILS ONT PAS L'AIR, MAIS ÇA MONTE! LA HAINE, ON L'A DANS LA PEAU, C'EST GÉNÉTIQUE, COMME LA PÉDOPHILIE. TU VOIS? ATTENDS, ÇA VA PÉTER, TU SAIS? ÇA GRONDE, ÇA BOUGONNE. ATTENDS! IL Y A UN NOUVEAU 68 QUI S'PRÉPARE. LES GENS, ILS ONT L'AIR COMME ÇA, DANS TON GENRE. J'M'EN FOUS! J'APPARTIENS À RIEN. ON EN A PLUS RIEN À BRANLER, DU DRAPEAU ROUGE! ET ILS VOTENT SARKOZY PARCE QUE EN FACE, MA POULE, YA QUE DALLE! ILS ONT CHOISI L'ORDRE, LA SÉCURITÉ, CES CONS! LA BELLE FRANCE DES FRANÇAIS DE SOUCHE.
MAIS SARKO, IL N'A PAS DIT QU'IL ALLAIT FILER 15 MILLIARDS AUX RICHES. IL A COUILLONNÉ TOUS CEUX QUI ONT VOTÉ POUR LUI, PARCE QU'ILS ONT LA HAINE DE CEUX QUI SONT UN PEU MOINS PAUVRES QU'EUX.
ATTENDS! SARKO SANS 68, SANS BLUE-JEAN, JOGGING, "SOUS LES STRINGS LA PLAGE", LES ADOS AUX CHEVEUX BLONDS, MAIS LONGS COMME CHABAL. ET J'TE VENDS NEUILLY AU QATAR, ET J'T'ÉCHANGE LES INFIRMIÈRES BULGARES CONTRE UNE CENTRALE ATOMIQUE, OÙ ON EST? ATTENDS! ÇA NE SE FAIT PAS, DES CHOSES COMME ÇA, LORSQU'ON EST PRÉSIDENTIELLEMENT CORRECT! J'TE DIS, MOI, ON VIT UNE ÉPOQUE, ELLE EST PAS FOLLE, ELLE EST SUICIDAIRE. TU SAIS, LE VRAI PROBLÈME DES FRANÇAIS, C'EST PAS LA RETRAITE... SI, UN PEU... NI LES IMMIGRÉS.. QUOIQUE.. 90% D'ARABES ET DE NOIRS EN PRISON, C'EST AUTANT DE MOINS DANS LES QUARTIERS.
LE VRAI PROBLÈME GRAVE C'EST LE POUVOIR D'ACHAT. TU MANGES BIO, TOI? T'AS VU LE PRIX DU PAIN. LE PRIX DE CE QUI EST BON, ET MÊME DE CE QUI EST MAUVAIS, QU'ARRÊTE PAS D'AUGMENTER. LE FRANÇAIS N'A PLUS D'EUROS. IL PEUT PLUS DÉPENSER SES ÉCONOMIES.
ATTENDS, ÉCOUTE! QUAND LES PAUVRES SONT DANS LA MERDE, YA D'LA RÉVOLTE DANS L'AIR!

CÉCILIA, C'EST UNE DIANA À LA FRANÇAISE. SI ÇA SE TROUVE, ELLE VA REJOINDRE KADHAFI EN LIBYE.
OH!
LE POUVOIR D'ACHAT DES RICHARDS QUI ACHÈTENT DES MERDES CONCEPTUELLES À LA FIAC, ÇA ME FAIT DÉGUEULER!
C'EST FINI, LA BEAUTÉ!
AUJOURD'HUI, MÊME LES GENS HONNÊTES QUI SONT AU POUVOIR, ILS SONT CORROMPUS. AVANT, L'ADMINISTRATION ÉTAIT CON MAIS RESPECTABLE. LA CORRUPTION NE POURRISSAIT PAS LA COUCHE D'OZONE DE L'AIR DU TEMPS. ET LE DIVORCÉ QUI NOUS GOUVERNE, TOUT CE QU'IL TROUVE À DIRE, C'EST : « SI TU AS BESOIN DE RIEN, TU PEUX COMPTER SUR MOI. » ATTENDS!
WOLINSKI

LE BUSINESS DES OTAGES
ARRÊTEZ ! ARRÊTEZ !
QU'EST-CE QUI SE PASSE ?
TOYOTA
LE PRÉSIDENT HOLLANDE VIENT DE DÉCLARER À LA TÉLÉ : « FACE AUX TERRORISTES IL FAUT ÊTRE IMPLACABLE. NOUS REFUSONS DE NÉGOCIER AVEC EUX, ET LA FRANCE NE PAIERA PLUS AUCUNE RANÇON. »
PLUS AUCUNE RANÇON ?! ET ALORS COMMENT ON VA POUVOIR ACHETER DES ARMES, DES QUATRE-QUATRE ET SALARIER LES DJIHADIS ?
ET QU'EST-CE QU'ON VA FAIRE DES OTAGES ? LES DÉTRUIRE COMME DIT HOLLANDE, NAEN DIN ZOBOROMO !
J'AI UNE IDÉE. Y A QU'À LES SOLDER !
OTAGES EN SOLDE
JE PRENDS CELUI DU MILIEU. IL APPRENDRA AUX ENFANTS À PARLER FRANÇAIS.
OTAGES EN SOLDE
MOI, J'EN PRENDS UN POUR QU'IL M'APPRENNE À FAIRE DES PIPES, « KIF-KIF PUTAIN FRANÇAISE » !
WOLINSKI

LA DÉMOCRATIE MUSULMANE
LES MÉDIAS SONT STUPÉFAITS PAR LE RÉSULTAT DES ÉLECTIONS TUNISIENNES.
C'EST INCROYABLE! EN TUNISIE, LES CROYANTS VOTENT POUR L'ISLAM.
MÊME LES INCROYANTS SONT DEVENUS ISLAMISTES!
À "CHARLIE HEBDO", NOTRE BANDE D'ATHÉES EST PERPLEXE.
UNE RÉVOLUTION QUI DONNE LE POUVOIR AUX CULS-BÉNITS, C'EST PAS UNE RÉVOLUTION!
JE VAIS TÉLÉPHONER À TUNIS, À MON AMI MOHAMED.
ALLÔ, MOHAMED, QU'EST-CE QUI SE PASSE EN TUNISIE? "BEN ALI, DÉGAGE!", ET VOUS, VOUS VOTEZ POUR LES BARBUS!
HA HA HA! YA, GEORGES COMMENT TU VAS? MOI, C'EST LE BONHEUR, TOUT VA BIEN!
TU ES DEVENU ISLAMISTE? ÇA VA PAS, LA TÊTE?
ON A VOULU JOUER À LA DÉMOCRATIE ALORS IL FAUT ACCEPTER LE RÉSULTAT DES ÉLECTIONS. IL FAUT SE BAGARRER À L'INTÉRIEUR DU SYSTÈME, ET RESPECTER LE CHOIX DES ÉLECTEURS.
N'IMPORTE QUEL CHOIX?
OUI, SI C'EST LE CHOIX DE LA MAJORITÉ. 90% DE TUNISIENS ONT FAIT LA QUEUE PENDANT CINQ HEURES POUR VOTER ENNAHDA, LE PARTI ISLAMISTE. Y EN A MARRE DES DICTATEURS LAÏQUES COMME BEN ALI. VIVE DIEU, LES AGENOUILLÉS LES PROSTERNÉS!
JE CROYAIS QUE LA TUNISIE ÉTAIT DEVENUE UN PAYS MODERNE. QU'EST-CE QUE TU ATTENDS POUR MARCHER EN DJELLABA AVEC UNE CHÉCHIA, ET DES FIXE-CHAUSSETTES SUIVI PAR TES TROIS FEMMES ENVELOPPÉES DANS LEUR HAÏK BLANC.
HA HA HA! S'IL TE PLAÎT, DESSINE-MOI COMME ÇA, QUE JE FASSE RIGOLER MES AMIS ISLAMISTES.
VIENS À TUNIS, GEORGES, CONSTATER AVEC TES YEUX. LES MUSULMANS, LES CHRÉTIENS, LES JUIFS, NOUS SOMMES TOUS TUNISIENS.
ET LES LAÏCS? ET LES FEMMES?
LES LAÏCS NE SONT PAS OBLIGÉS D'ALLER SE PROSTERNER À LA MOSQUÉE. NI LES FEMMES DE PORTER LE VOILE. MAIS LES TUNISIENS ONT CHOISI DÉMOCRATIQUEMENT LEUR AVENIR. ET LEUR AVENIR, C'EST LEUR PASSÉ.
WOLINSKI

RELATIONS MONDAINES
TAPIE PUE DE LA GUEULE À FORCE D'AVALER DES AFFAIRES POURRIES!
J'AI FAIT CE DESSIN EN DIRECT SUR L'ÉCRAN DE « MON ZÉNITH À MOI », ÉMISSION SUR CANAL +, DE MICHEL DENISOT. C'ÉTAIT DANS LES ANNÉES 80. TAPIE N'A PAS APPRÉCIÉ. IL M'A TRAITÉ DE SALE CON!
J'ÉTAIS UN PEU INQUIET APRÈS L'ÉMISSION. MAIS ON S'EST SERRÉ LA MAIN. JE L'AVAIS DÉJÀ RENCONTRÉ À LA FÊTE DE L'HUMA OÙ IL PARADAIT EN SURVÊTEMENT BLANC. AUJOURD'HUI IL RACHÈTE "LE PROVENÇAL" ET PEUT-ÊTRE LA MAIRIE DE MARSEILLE.
J'ÉTAIS CHEZ MON POISSONNIER, RUE DU BAC. DEPARDIEU EST PASSÉ SUR SON SCOOTER. ON A BAVARDÉ. IL M'A DIT:
TU SAIS QUE C'EST TOI QUI AS ÉCRIT LE PREMIER FILM OÙ J'AI EU UN PETIT RÔLE? ÇA S'APPELAIT "GEORGES LE TUEUR".
JE NE LUI AI PAS DIT: « CASSE-TOI PAUVRE CON, EN BELGIQUE! » PARCE QUE JE SUIS TRÈS LÂCHE. JE LUI AI DIT:
J'ESPÈRE QUE POUR ME REMERCIER, TU VAS M'INVITER À BOIRE UNE BIÈRE CHEZ TOI EN BELGIQUE.
JE REGARDE À LA TÉLÉ OBAMA QUI ÉCRASE UNE LARME. VA-T-IL OSER INTERDIRE LE MARCHÉ DES FUSILS MITRAILLEURS AUX GROS CONS DE RACE BLANCHE?
LES NOIRS NE TIRENT PAS SUR LES MIOCHES.
DOSSIER DES ARMES À FEU
HOLLANDE EN ALGÉRIE A OSÉ SE REPENTIR DU COLONIALISME, DE L'INJUSTICE, DES VIOLENCES, DES MASSACRES, ET DES TORTURES. LA DROITE EST RÉVULSÉE. BRAVO, FRANÇOIS. JE SUIS CONTENT ET FIER, COMME VALÉRIE, D'AVOIR VOTÉ POUR LUI.

LORSQUE J'ÉTAIS LYCÉEN À BRIANÇON, J'AI ASSISTÉ À UNE CONFÉRENCE D'HERZOG DANS UN SANATORIUM DE FEMMES. IL A EU BEAUCOUP DE SUCCÈS.
J'AI SERRÉ L'UNIQUE DOIGT DE MAURICE HERZOG.
APRÈS M'AVOIR ENVOYÉ UNE LETTRE, OÙ IL M'ANNONÇAIT QU'IL ME DÉCORAIT DE LA LÉGION D'HONNEUR, CHIRAC M'A INVITÉ À L'ÉLYSÉE. JE LUI AI DEMANDÉ POURQUOI IL M'AVAIT DÉCORÉ. VOILÀ CE QU'IL M'A RÉPONDU :
DUBOUT N'A JAMAIS EU LA LÉGION D'HONNEUR. ALORS JE ME SUIS DIT : JE VAIS LA DONNER À WOLINSKI.

ALLÔ, OBAMA. JE NE SAIS PAS QUOI FAIRE... ILS SONT TOUS CONTRE MOI !
NE T'INQUIÈTE PAS, FRANÇOIS, L'IMPORTANT C'EST D'ÊTRE AU POUVOIR.
PRESSE
OPPOSITION
SONDAGES
WOLINSKI

FÉLICITATIONS À OBAMA
BERLUSCONI:
AFFECTUEUSES FÉLICITATIONS AU BRONZÉ OBAMA, MAIS « PUTANA QUESTA VISTA! » LE PRIX NOBEL DEVRAIT ÊTRE ATTRIBUÉ À CEUX À QUI ON NE FOUT JAMAIS LA PAIX COMME MOI.
ANGELA MERKEL:
C'EST BIEN, C'EST TRÈS BIEN! OBAMA N'A ENCORE RIEN FAIT. MAIS IL MÉRITE LE PRIX NOBEL POUR SES BONNES INTENTIONS DE FAIRE UN PEU QUELQUE CHOSE POUR LA PAIX.
OBAMA:
JE SUIS VERY SURPRIS ET REALLY HONORÉ. JE VAIS GOING TO OSLO WITH MICHELLE AND ZE GIRLS. BUT COMMENT ZE NOBEL PRICE VA FAIRE S'IL DOIT FAIRE LA GUERRE AUX ENNEMIS DE LA PAIX?
SARKOZY:
MOI, QUAND JE FAIS QUELQUE CHOSE, C'EST COMME SI J'AVAIS RIEN FAIT. OBAMA, IL FAIT RIEN, ET ON LUI FILE LE NOBEL POUR LE RÉCOMPENSER DE TOUT CE QUE LES CONS CROIENT QU'IL VA FAIRE.
OUAH! OUAH!
GEORGE BUSH:
ON LUI DONNE LE NOBEL PRICE DANS L'ESPOIR QU'IL FERA UNE AUTRE POLITIQUE QUE LA MIENNE! PAUVRE OBAMA! LES AMÉRICAINS ME RESSEMBLENT PLUS QU'À LUI. LA SEULE POLITIQUE, C'EST: « LA RAISON DU PLUS FORT EST TOUJOURS LA MEILLEURE »!
TALIBAN:
IL FAUT MASSACRER CEUX QUI DONNENT LE PRIX NOBEL, ET CEUX QUI LE REÇOIVENT. LES FOUS DE DIEU ONT DES COUILLES, LA PAIX N'EN A PAS.
WOLINSKI

N'AYEZ PAS PEUR!
QU'EST-CE QU'IL DIT, LE PRÉSIDENT?
IL DIT: « N'AYEZ PAS PEUR! »
PEUR DE QUOI?
PEUR DE L'AVENIR.
QUEL AVENIR?
ON NE SAIT PAS.
IL VEUT RENDRE À LA FRANCE "LA MAÎTRISE DE SON DESTIN".
NOTRE DESTIN, C'EST DE TRAVAILLER PLUS POUR SAUVER LA CRISE ET LE NIVEAU DE VIE DES PRIVILÉGIÉS QUI VOTENT POUR SARKOZY.
C'EST NORMAL QUE LES POUVOIRS DE DROITE S'ENTENDENT POUR SOULAGER LES BANQUES.
LÉCHER LE CUL D'ANGELA MERKEL POUR ÊTRE RÉÉLU, C'EST HÉROÏQUE. SARKO, JE L'ADMIRE!
LA FRANCE IMITE L'ALLEMAGNE. ANGELA ET NICOLAS NE S'ADRESSENT QU'AUX GENS QUI COMPTENT, LES GENS QUI NE COMPTENT PAS PEUVENT CREVER!
LA FRANCE ET L'ALLEMAGNE FONT SEMBLANT D'ÊTRE D'ACCORD.
D'ACCORD POUR UN SALAIRE MINIMUM!
LE "DISCOURS DE VÉRITÉ" DU CANDIDAT PRÉSIDENT A PLU AUX FRANÇAIS ET ENTHOUSIASMÉ J.-FRANÇOIS COPÉ.
LES FRANÇAIS ME FONT PEUR.
WOLINSKI

LE PIRE !
LA CRISE. PAS LA CRISE DU FRIC ET DE LA FINANCE, MAIS LA CRISE MORALE DE LA SOCIÉTÉ FRANÇAISE, VOILÀ L'ENNEMI !
TU AS TOUJOURS L'AIR D'AVOIR RAISON, COMME BAYROU. MAIS TU AS TOUJOURS TORT, COMME BAYROU !
NOUS SOMMES CONFRONTÉS À UNE MONTÉE DE LA VIOLENCE ET DES INTOLÉRANCES. JE NE DÉSIGNE PERSONNE, MAIS LE SUJET EST GRAVE. JE PENSE QU'IL FAUT DIRE : STOP ! STOP ! STOP !
LORSQUE LES CROYANTS SONT TERRORISÉS, ILS DEVIENNENT DES TERRORISTES.
NON ! NON ! NON ! JE NE VEUX PAS ENTRER DANS UNE POLÉMIQUE. NE MÉLANGEONS PAS TOUT. LES FRANÇAIS SONT AU BORD D'UN GOUFFRE REMPLI DE SACS-POUBELLE.
LA POLITIQUE, C'EST COMME LA SOUPE. ON FOUT TOUS LES THÈMES DANS UNE CASSEROLE. ÇA MIJOTE...
HOLLANDE ET SARKOZY NE VOIENT PAS CE QUI LEUR CRÈVE LES LUNETTES. ILS FONT COMME SI LES FRANÇAIS ÉTAIENT HEUREUX DE VOIR PROSPÉRER LES PIRES DÉRIVES.
DANS L'ESCALIER ÇA SENT LE POIREAU DU VOISIN. ÇA RASSURE LE FRANÇAIS MOYEN.
CE QUI NOUS ATTEND, PAUVRES DE NOUS, C'EST LE PIRE ! ET LE PIRE, C'EST LE SEUL ESPOIR QUI NOUS RESTE...
LE PIRE, C'EST LA SÉCURITÉ. SARKOZY EST SÛR DE GAGNER. IL PEUT MÊME NOUS DIRE POURQUOI C'EST PARCE QU'IL EST PIRE QU'AVANT.
WOLINSKI

COUVREZ-VOUS !
GUÉANT ME DONNE FROID DANS LE DOS.
ROSELYNE SE CHAUFFE LE CUL À L'ÎLE MAURICE.
LA VEINARDE !
GLA GLA
BRR
CE SOIR, UNE SOUPE, ET AU LIT.
LA VILLE GÈLE. LA CAMPAGNE ÉLECTORALE S'ENFLAMME
CAFÉ
VIVEMENT CE SOIR QU'ON SE COUCHE...
CE SOIR, JE SORS.
BÉBÉ NE BOUGE PLUS. IL DORT OU IL EST CONGELÉ ?
MES COUILLES SONT EN VIGILANCE ORANGE.
ON S'LES GÈLE !
WOLINSKI

LA DÉCLARATION D'AMOUR
J'AI UNE DÉCLARATION À TE FAIRE. J'AI APPRIS À T'AIMER COMME ON APPREND À MARCHER, À PARLER, À LIRE. J'AI APPRIS L'OMBRE DE TES CILS, LE CREUX DE TES JOUES, LA DOUCEUR DE TES LÈVRES. JE TE CONNAIS PAR CŒUR, ET POURTANT, JE N'AI AUCUNE MÉMOIRE. TON MENTON, TES GENOUX, TES CHEVILLES, ET MÊME LA PLANTE DE TES PIEDS...
JE CONNAIS PAR CŒUR CE REGARD SANS INDULGENCE, CE PETIT SOURIRE, CETTE FAÇON D'AGITER TES PETITES MAINS. JE SAIS TOUT SUR LES PARFUMS DE TON COU. JE SAIS TOUS TES PARFUMS. JE SAIS LORSQUE LE SOLEIL PASSE ENTRE TES JAMBES. QUAND UN BROUILLARD DE CHAIR HANTE LA LAQUE DU MUR. QUAND LA LAMPE CARESSE TES TRANSPARENCES. ABANDONNE-TOI, C'EST MERVEILLEUX DE SE LAISSER FAIRE, DE SE LAISSER POSSÉDER...
LAISSE-MOI TE SUPPLIER DE ME SUPPLIER DE ME SUPPLIER DE DIRE CE D'ARRÊTER. DE ME SUPPLIER DE DIRE CE QUE TU VEUX, CE QUE TU NE VEUX PAS QUE JE FASSE. CE QUE TU N'OSES PAS ME DEMANDER. CE QUE TU N'OSES MÊME PAS PENSER. CE QUI TE FAIT PEUR, PARCE QUE C'EST TROP TOI. CE QUE JE N'AURAIS PAS DÛ DEVINER PARCE QUE C'EST TROP TOI...
DIS-MOI: POUR QUI VAS-TU VOTER AUX PROCHAINES ÉLECTIONS?
COMME TOUS LES FRANÇAIS, JE VAIS VOTER POUR CELUI QUI VA ÊTRE ÉLU.
PAF
PAUVRE FRANCE!
WOLINSKI

VIVE LA MORT!
ILS BOIVENT DES VINS MOUSSEUX, EN MASTIQUANT DES RONDELLES DE COCHON, ATTABLÉS DANS DES PALACES AVEC DES CRÉATURES IMPUDIQUES, EXHIBANT LEURS BOUCHES ÉCARLATES, EN CUL DE POULE, LEURS SEINS CHIRURGICAUX, LEURS BAS DU DOS TATOUÉS. ILS SE CROIENT CIVILISÉS, PARCE QUE LEURS COMPAGNES NE VOILENT QUE LEURS PARTIES HONTEUSES AVEC DES DESSOUS DIAPHANES, ILS SE CROIENT MODERNES PARCE QU'ILS NE CROIENT EN RIEN, PARCE QU'ILS DOUTENT DE TOUT, PARCE QU'ILS ONT LE CULTE DU SACRILÈGE, PARCE QU'ILS CROIENT QUE TOUT S'EXPLIQUE, MÊME LE NÉANT ET L'INFINI.
ILS NE SE PROSTERNENT QUE DEVANT LES SODOMITES. ILS NE RESPECTENT QUE L'INADMISSIBLE, LE HONTEUX, LE MALSÉANT, LE DÉGUEULASSE. ILS CHIENT DANS LES BÉGONIAS, ILS CRACHENT SUR LE SACRO-SAINT. ILS PISSENT SUR LA BIBLE, ET LE CORAN. ILS NOUS CARICATURENT DANS LEURS JOURNAUX "BÊTES ET MÉCHANTS". MAIS CE SONT EUX LES CARICATURES. LA SOCIÉTÉ D'AUJOURD'HUI EST UNE CARICATURE. L'HOMME A FAIT DU MONDE UNE CARICATURE.
MES ENFANTS, LA VIE NE VAUT PAS LA PEINE D'ÊTRE VÉCUE. LA VIE EST UN ÉGOUT, UNE DÉCHARGE PUBLIQUE. LA VIE POURRIT L'ÂME LA PLUS PURE. NOS PENSÉES SONT DES ORDURES NAUSÉABONDES. MES ENFANTS, CROYEZ-MOI. SEULE LA MORT EST NOBLE, PROPRE, HONORABLE, JUSTE! CEUX QUI MEURENT REJOIGNENT CEUX QUI N'EXISTENT PLUS, DANS L'ÉDEN PEUPLÉ DE VIERGES POTELÉES.
MAIS IL FAUT LE MÉRITER, LE PARADIS! IL FAUT LE MÉRITER EN MASSACRANT CEUX QUI NE LE MÉRITENT PAS! HEUREUSEMENT, NOUS SOMMES LÀ, NOUS! NOUS, LES CHIENS MÉCHANTS QUI ABOIENT DANS LA NUIT. JETONS-NOUS SUR LES VOLEURS DE PURETÉ! MASSACRONS-LES! PENDANT QU'ILS PHOTOGRAPHIENT NOTRE MÉDITATION, ET NOTRE RUMINATION, POUR ILLUSTRER LES MAGAZINES DE L'ABJECTION OCCIDENTALE!

MES ENFANTS, COUREZ VERS LES HÔTELS DU VICE, AVEC VOS ARMES DE GUERRE, COUREZ VERS LES GRANDS MAGASINS VÉGÉTARIENS, VERS LES GARES, ET TIREZ ! TIREZ ! SUR LES RICHES, ET SURTOUT SUR LES PAUVRES. SUR LES BRAVES GENS, LES USAGERS, LES ÉTRANGERS, LES INNOCENTS, ET LES COUPABLES. NOUS AVONS BESOIN DE VICTIMES, DE TERREUR, DE HAINE, TIREZ SUR LES GENTILS, ÇA LES RENDRA MÉCHANTS. TUEZ ! TUEZ ! ET ENFIN, MOUREZ ! SEULS CEUX QUI NE REVIENDRONT PAS DEVIENDRONT DES MARTYRS !
WOLINSKI

NON À L'
OUI À L'
OUI À LA
NON AU C
NON À L
OUI AU D
OUI À LA
OUI À L'
NON AU
VIVE L'A
OBAMA

GENT SALE.
PLOI.
OISSANCE.
MAGE.
RISE.
AT DÉMOCRATIQUE.
ANTÉ.
POIR.
CLIN.
ÉRIQUE!
OMNEY
MAIS ILS ONT EXACTEMENT LE MÊME PROGRAMME!
C'EST COMME ÇA EN AMÉRIQUE. ON CHANGE LE PRÉSIDENT, MAIS LES PROGRAMMES ET LES ÉLECTEURS NE CHANGENT PAS!
WOLINSKI

HONNI SOIT QUI MALI PENSE
JE N'AI PAS RÉSISTÉ À CE TITRE TRÈS CON.
JE SUIS FASCINÉ PAR LES IMAGES DE LA TÉLÉ MONTRANT UN DÉSERT COUVERT D'ORDURES.
IL Y A 60 ANS, LORSQUE J'ÉTAIS SOLDAT EN ALGÉRIE, LE DÉSERT ÉTAIT PLUS CLEAN. JE BOSSAIS AU "COURRIER-DÉPART". À L'ÉTAT-MAJOR DE REGGANE, LORSQUE J'AI APPRIS QU'IL Y AVAIT UN VOL POUR TAMANRASSET AVEC UNE ESCALE AU MALI, J'AI DEMANDÉ À L'ADJUDANT SI JE POUVAIS Y ALLER. JE ME SUIS RETROUVÉ DANS LE ZINC À HÉLICES, ASSIS SUR UN CARTON. DEUX HEURES APRÈS, ON A SURVOLÉ L'AÉROPORT. UN TYPE S'AGITAIT SUR LA PISTE...
...LE TYPE A DISPARU DANS SA BARAQUE DÈS QUE NOUS AVONS ATTERRI. NOUS SOMMES DESCENDUS EN PORTANT LES CARTONS. NOUS SOMMES ENTRÉS DANS L'AÉROPORT. SURPRIS, J'AI CONSTATÉ QUE L'HOMME ÉTAIT SEUL DERRIÈRE UN PETIT BAR. «QU'EST-CE QUE JE VOUS SERS À BOIRE?» NOUS A-T-IL DEMANDÉ GENTIMENT. ON A PICOLÉ UNE BIBINE, ET ON EST REPARTIS. TAMANRASSET, C'ÉTAIT GÉNIAL! DES IMMENSES TOUAREG MARCHAIENT DANS LES RUELLES, EN SE TENANT PAR LE PETIT DOIGT. CHEZ UN ARTISAN, J'AI ACHETÉ UNE ANTIQUE SERRURE EN FER FORGÉ. JE L'AI ENCORE. J'AI GARDÉ UNE PHOTO DE CET INOUBLIABLE VOYAGE. JE RÊVE DE RETOURNER DANS CES MONTAGNES.
DERNIÈRE MINUTE
UN GROUPE ARMÉ NON IDENTIFIÉ A FAIT PRISONNIERS DES OCCIDENTAUX NON IDENTIFIÉS DANS L'USINE À GAZ D'IN AMENAS. LE GOUVERNEMENT ALGÉRIEN SE REFUSE À TOUTE NÉGOCIATION AVEC LES TERRORISTES, QUI RÉCLAMENT 25 4X4, LE RÉSERVOIR PLEIN, ET LA LIBÉRATION DE CENT BARBUS. ON A TRÈS PEU D'INFORMATIONS SUR L'ASSAUT DE L'ARMÉE ALGÉRIENNE, ET SUR LE NOMBRE DE SURVIVANTS. LES RÉSEAUX TERRORISTES SONT SOUS SURVEILLANCE ET LEURS CIBLES ÉVENTUELLES SOUS PROTECTION. EN PARTICULIER, LES ÉCOLES ENFANTINES, ET LES LOCAUX DE "CHARLIE HEBDO".
WOLINSKI

C'EST DANS L'AIR DU TEMPS.
POURQUOI AS-TU VOTÉ LE PEN ?
PARCE QUE J'EN AI MARRE DE SARKOZY, ET JE N'AI PAS CONFIANCE EN HOLLANDE.
ET MOI, J'AI PEUR DES FRANÇAIS, J'AI PEUR DE TOI ET DE CE QUE VA DEVENIR LA FRANCE. TU VEUX UNE TISANE ?
JE VEUX BIEN, MA CHÉRIE. TU SAIS, TOUT LE MONDE A PEUR EN CE MOMENT, MÊME CEUX QUI FONT PEUR !
ÉTEINS LA TÉLÉ ! JE NE SUPPORTE PLUS LES JOURNALISTES !
TU AS RAISON. ENTRE LES BASANÉS DU PSG, ET LES "COHEN" DE FRANCE INTER, ON N'EST PLUS CHEZ NOUS !
IL FAUT COMPRENDRE LE VOTE FN.
TU ES DEVENU RÉTROGRADE. NATIONALISTE ET RÉTROGRADE, MON PAUVRE CHÉRI.
C'EST DANS L'AIR DU TEMPS. COMME SARKOZY, JE PENSE QUE LE RACISME EST COMPATIBLE AVEC LA RÉPUBLIQUE. TIENS, LE VOILÀ ! ÉCOUTONS-LE.
JE ME DEMANDE CE QU'IL FAIT, DSK, EN CE MOMENT ?
QUE VEUX-TU QU'IL FASSE ?
JE N'ACCEPTE PAS DE LEÇONS DE MORALE. SURTOUT D'UNE GAUCHE QUI VOULAIT INSTALLER DSK À L'ÉLYSÉE...
ENFIN ! ON PARLE DE MOI...
WOLINSKI

SMARTPHONE
POUR QUI ALLEZ-VOUS VOTER ?
J'HÉSITE ENTRE CELUI QUI SERA ÉLU ET CELUI QUE JE PRÉFÈRE. ET VOUS ?
MOI, IL Y EN A AUCUN QUI ME PLAÎT. MAIS JE VOTE AU PREMIER TOUR POUR HOLLANDE PARCE QUE JE SUIS DE GAUCHE. JE VOUS OFFRE UNE COUPE ?
VIENS CHEZ MOI, J'HABITE À CÔTÉ. MAIS FAUT PAS TE FAIRE DES IDÉES. JE N'AI PAS L'HABITUDE DE CÉDER LA PREMIÈRE FOIS.
TOUT CE QUE TU RISQUES, C'EST QUE JE NE TE BAISE PAS.
TU SAIS PARLER AUX FEMMES, TOI.
MOI AUSSI, JE SUIS DE GAUCHE. MAIS HOLLANDE JE LE TROUVE FLOU. TU N'AS PAS DE CULOTTE ?
JE L'ENLÈVE TOUJOURS AVANT DE SORTIR.
TOUS LES CANDIDATS SONT BONS. CE SONT LES ÉLECTEURS QUI SONT MAUVAIS. LA CAMPAGNE LES ENNUIE.
ÇA T'ENNUIE DE FAIRE L'AMOUR ? ON DIRAIT QUE TU TE RETIENS DE JOUIR.
ARRÊTE DE ME POSER DES QUESTIONS STUPIDES. MA CHATTE DÉTESTE LES SONDAGES.
D'ACCORD. JE DÉCHARGE ET JE ME TIRE. TU ME DONNERAS TON NUMÉRO DE SMARTPHONE ?
WOLINSKI

L'UMP PÈTE UN BOULON !
ON N'EST PAS COMPRIS
LES PATRONS À L'OFFENSIVE !
IL N'Y A PAS QUE LA GAUCHE ET LES PUTES QUI ONT LE DROIT D'ÊTRE DANS LA RUE !
L'UMP ATTAQUE L'ÉLYSÉE.
MAIS NON, VALÉRIE CHÉRIE, JE NE SUIS PAS ENFERMÉ DANS MON BUREAU AVEC SÉGOLÈNE.
HOLLANDE, TANT QUE LES PATRONS N'AURONT PAS RETROUVÉ UNE MARGE DE MANOEUVRE COMPÉTITIVE, TU RESTERAS CLAQUEMURÉ DANS TON GOURBI PRÉSIDENTIEL !
HEUREUSEMENT "THE STATES" SONT INONDÉS. DEVANT LA TÉLÉ, HOLLANDE CASSE LA CROÛTE, EN ADMIRANT L'OURAGAN.
LA CÔTE AMÉRICAINE N'A PLUS LA COTE.
MOI AUSSI, À CAUSE DE LA TORNADE DES RICHES QUI VEULENT ABAISSER LE PRIX DU TRAVAIL DE 30 MILLIARDS D'EUROS, JE SUIS COUPÉ DU MONDE. PENDANT CE TEMPS AYRAULT AVOUE SES DIFFICULTÉS AUX PETITS SALARIÉS, LECTEURS DU "PARISIEN".
AUX ÉTATS-UNIS, BARACK OBAMA FAIT SON BOULOT DE NÈGRE AFRICAIN. IL ÉPONGE L'EAU SALE.
ET MITT ROMNEY FAIT SON BOULOT DE MILLIARDAIRE MORMON. IL PRIE ET FILE UN CHÈQUE À LA "RED CROSS."
GOD BLESS US...
WOLINSKI

CONGRÈS DES RETRAITÉS CGT À LA ROCHELLE.
JE DÉDICACE UNE AFFICHE SUR LAQUELLE CE DESSIN, PUBLIÉ IL Y A PLUS DE 30 ANS DANS "L'HUMA", RESTE D'ACTUALITÉ, ET AUSSI : "PITIÉ POUR WOLINSKI", MON DERNIER LIVRE. MES POTES RETRAITÉS ACHÈTENT TOUT EN QUATRE HEURES. POUR LES REMERCIER, JE LEUR FAIS LEUR DESSIN PRÉFÉRÉ.
LA RETRAITE À 60 ANS, ON SE DEMANDE POUR QUI ?
LE CHÔMAGE À 20 ANS, ON SE DEMANDE POURQUOI ?
WOLINSKI
LA VIE COMMENCE À SOIXANTE ANS...
JE SUIS VENU AVEC MON COMPLICE "CHARLIE BOUHANA". L'ARGENT RÉCOLTÉ, C'EST POUR LES ENFANTS CUBAINS OU HAÏTIENS. ENTRE DEUX SÉANCES, LES CONGRESSISTES VIENNENT BAVARDER AVEC NOUS. LE CHÔMAGE AUGMENTE, LA DURÉE DE VIE DES FRANÇAIS AUSSI. MAIS LE TRAVAIL NE RAPPORTE QU'AUX RICHES.
ON A L'IMPRESSION QUE LA FRANCE N'A PLUS LES MOYENS DE FINANCER LES RETRAITES...
...ET LES SERVICES PUBLICS !
...ET LA POSTE, LA SNCF, L'ÉDUCATION NATIONALE, LA SANTÉ...
LES RETRAITÉS VIVENT TROP LONGTEMPS ET DÉPENSENT TROP POUR LEUR SANTÉ, PENSENT LES PETITS CONS DE 35 ANS QUI VOTENT SARKO !
LES RETRAITÉS ET LES ACTIFS SAVENT QU'IL VA FALLOIR SE BATTRE ENSEMBLE POUR ARRIVER À VIVRE DÉCEMMENT, EN TRAVAILLANT LE PLUS LONGTEMPS POSSIBLE. MAIS IL Y A DES LIMITES, CAMARADES LECTEURS. TRAVAILLER PLUS ET GAGNER MOINS, C'EST USANT SURTOUT SI PENDANT CE TEMPS LES ACTIONNAIRES BOURRENT LEURS COMPTES EN SUISSE.
WOLINSKI

C'est tout naturel

LE BON, LE BIEN, ET LE MAL
TIENS-TOI DROIT!
ARRÊTE AVEC LE FROMAGE! LE SOIR, CE N'EST PAS BON. ET VRAIMENT, VRAIMENT, MON CHÉRI, AS-TU BESOIN DE FINIR LA BOUTEILLE DE BROUILLY?
TU SENS LA TRANSPIRATION. VA PRENDRE UNE DOUCHE!
TU AS UNE TACHE SUR TON PANTALON!
N'OUBLIE PAS DE PRENDRE TES MÉDICAMENTS. C'EST POUR TOI QUE JE DIS ÇA. JE ME DEMANDE COMMENT TU VIVRAIS SI J'ÉTAIS PAS LÀ!
COMMENT VIVRE AVEC UNE CRÉATURE QUI VOUS OBSERVE D'UN ŒIL SOUPÇONNEUX ET QUI VOUS FAIT SANS ARRÊT DES RÉFLEXIONS? NOS FEMMES SONT JOLIES, GRACIEUSES, INTELLIGENTES, ADORABLES, PARFAITES, ET CHIANTES. JE L'AI DÉJÀ SOUVENT ÉCRIT: « UNE FEMME QUI NE VOUS FAIT PAS CHIER, C'EST UNE FEMME QUI NE VOUS AIME PAS. » ALORS, NE NOUS PLAIGNONS PAS.
JE N'AI PAS DORMI LA NUIT DERNIÈRE, TELLEMENT TU RONFLAIS.
PARDON, CHÉRIE.
TU VEUX FAIRE L'AMOUR?
ÇA SERAIT BON!
ÇA SERAIT BIEN! VOUS, LES HOMMES, VOUS NE PENSEZ QU'À CE QUI EST BON! CE QUI EST BON EST MALSAIN, IMMORAL, DANGEREUX. CE QUI EST BON FAIT GROSSIR. CE QUI EST BON FAIT PLAISIR AUX HOMMES, ET FAIT DU MAL AUX FEMMES... OH! CE QUE TU ES LOURD! AÏE! TU ME FAIS MAL! RENTRE LÀ DOUCEMENT... AÏE! SURTOUT NE ME FAIS PAS JOUIR! APRÈS J'AI DU MAL À M'ENDORMIR. NON! NE TOUCHE PAS MES SEINS! BON. ALORS IL VIENT, CE SPERME? HA! HA! HA! ENFIN, ÇA GICLE! J'ENTENDS TES RIDICULES GROGNEMENTS D'EXTASE...
OUI OUI
BONNE NUIT, CHÉRI.
HEUREUX, JE M'ENDORS EN PENSANT QUE CE QUI EST IMPORTANT POUR LES FEMMES N'EST PAS IMPORTANT POUR LES HOMMES. CE QU'IL FAUT FAIRE, OU NE PAS FAIRE, PENSER, OU NE PAS PENSER, DIRE, OU NE PAS DIRE, POUR LES RENDRE HEUREUSES, IL FAUT LEUR MENTIR, LEUR CACHER À QUEL POINT NOUS SOMMES FAIBLES, MÉPRISABLES, LÂCHES. C'EST UN SECRET ENTRE NOUS LES MECS. C'EST POUR ÇA QUE DIEU A INVENTÉ LE MENSONGE, ET QUE LE MENSONGE A INVENTÉ DIEU.
WOLINSKI

HAPPY NEW YEAR!
BONNE ANNÉE, TRÉSOR.
MEILLEURS VOEUX, MONANGE.
WOLINSKI

APRÈS ON Y PENSE PLUS..
SALUT, GEORGES!
SALUT, DOLORÈS!
JE PENSE SOUVENT À DOLORÈS, LORSQUE LE MARDI, EN ALLANT VOIR MA MÈRE, JE TRAVERSE LE BOIS DE VINCENNES, ET QUE JE PASSE DEVANT LES CAMIONNETTES, OÙ D'ANTIQUES PROSTITUÉES ATTENDENT
LE CLIENT. DOLORÈS TRAVAILLAIT, RUE ST-DENIS, DANS UN BAR À PUTES, COMMUNIQUANT AVEC UN HÔTEL DE PASSE. CE GENRE D'ENDROIT N'EXISTE PLUS. J'ÉTAIS MONTÉ UNE FOIS AVEC ELLE. ELLE ÉTAIT GÉNIALE. J'ÉTAIS REVENU. ON ÉTAIT DEVENUS COPAINS. C'ÉTAIT LA FIN DES ANNÉES 60. JE COMMENÇAIS À BIEN GAGNER MA VIE. J'ÉTAIS VEUF. J'AVAIS DES AMIES, MAIS DE TEMPS EN TEMPS, UNE BOUTEILLE DE CHIVAS SOUS LE BRAS, J'ALLAIS VOIR DOLORÈS. ON BAVARDAIT, ON RIAIT, ET PUIS ELLE S'OCCUPAIT DE MOI. LES AUTRES CLIENTS ATTENDAIENT.
C'EST DANS LE BORDEL D'UN PETIT VILLAGE, PRÈS DE GÊNES, QUE J'AI COMPRIS POUR LA PREMIÈRE FOIS CE QU'ÉTAIT LE PLAISIR. J'AVAIS 17 ANS. J'EMBRASSAIS MES FLIRTS, JE PALPAIS LEURS BALCONNETS, MAIS PENDANT DES ANNÉES CELA N'ALLAIT PAS PLUS LOIN. ALORS, QUAND J'AVAIS UN PEU DE FRIC, LE COEUR BATTANT, APRÈS AVOIR LONGTEMPS HÉSITÉ, JE GRIMPAIS L'ESCALIER DES PETITS HÔTELS.
C'EST CENT FRANCS PLUS LA CHAMBRE, SI TU VEUX QUE JE ME DÉSHABILLE, IL FAUT ME DONNER PLUS. VIENS, QUE JE TE LAVE...
ELLES SONT TOUJOURS LÀ, RUE ST-DENIS. MAIS ELLES SONT COMME MOI. ELLES ONT 40 ANS DE PLUS...
JE CONNAISSAIS LE RITUEL PAR COEUR, J'ÉTAIS JEUNE. ÇA NE DURAIT PAS LONGTEMPS. ELLES ME SUÇAIENT UN PEU. ET PUIS ON FAISAIT L'AMOUR SANS PRÉSERVATIF. JE REPARTAIS APAISÉ, SOULAGÉ, DÉÇU. JE N'ÉTAIS QU'UN CLIENT, UN MICHETON, UN PAUVRE GAMIN EN MANQUE. JE RÊVAIS D'UNE FEMME QUE JE POURRAIS CARESSER, POSSÉDER, AIMER...
L'ÉPOQUE A CHANGÉ. J'INTERROGE MES JEUNES AMIS DESSINATEURS. ILS ONT 30 ANS.
AVEZ-VOUS DÉJÀ BAISÉ AVEC UNE PUTE?
NON.
ON N'A JAMAIS EU BESOIN DE ÇA.
ON N'A PAS BESOIN D'ÉPOUSER LES JEUNES FILLES D'AUJOURD'HUI, POUR FAIRE L'AMOUR. QUELLE CHANCE ILS ONT!
ALORS QUI SONT CES MECS QUI RÔDENT EN VOITURE SUR LES BOULEVARDS EXTÉRIEURS, GUETTANT LES PETITES BULGARES, MALIENNES, UKRAINIENNES, ETC.? LES FILLES QUE J'AI CONNUES DANS LE TEMPS, JE NE LEUR POSAIS PAS BEAUCOUP DE QUESTIONS. AVAIENT-ELLES DES MACS? OUI, SANS DOUTE. MAIS ELLES NE SEMBLAIENT PAS FORCÉES, TRAQUÉES, TERRORISÉES. JE ME SOUVIENS D'ELISA, UNE SUPERBE ROUQUINE, COPINE DE DOLORÈS. ELLE M'A DIT: «J'ARRÊTE.» ET ELLE A ARRÊTÉ. JE L'AI SU.

FAUT-IL ROUVRIR LES BORDELS? FAUT-IL PÉNALISER LES CLIENTS? COMME LES CONSOMMATEURS DE DROGUE ? POURQUOI LES HOMMES, MÊME S'ILS VIVENT AVEC DES COMPAGNES AIMANTES ET SENSUELLES, ONT-ILS BESOIN DE SE FAIRE PRÉLEVER DU SPERME PAR DES INFIRMIÈRES DU SEXE?
À CAUSE DE LA GUERRE ET DE LA MISÈRE, IL Y AURA TOUJOURS DE PAUVRES FILLES EXPLOITÉES PAR DE FÉROCES PROXÉNÈTES. MAIS POURQUOI Y A-T-IL TOUJOURS DES CLIENTS ? J'AIMERAIS RETROUVER DOLORÈS, POUR LUI POSER LA QUESTION.
DOLORÈS, JE CROYAIS QUE LA LIBÉRATION DES FEMMES ALLAIT CHANGER LES HOMMES. QU'ILS N'AURAIENT PLUS BESOIN DE PAYER POUR FAIRE L'AMOUR.
C'EST PEUT-ÊTRE LA LIBÉRATION DES FEMMES QUI FAIT PEUR AUX HOMMES. PAYER DES FILLES SOUMISES LEUR DONNE UN SENTIMENT DE DOMINATION. LES AUTRES, IL FAUT LES SÉDUIRE. NOUS, ON NOUS BAISE, ET APRÈS ON Y PENSE PLUS...
WOLINSKI

C'EST TOUT NATUREL!
BONJOUR MADEMOISELLE. J'AI TRÈS ENVIE DE VOIR VOS SEINS. POURRIEZ-VOUS ME LES MONTRER, S'IL VOUS PLAÎT?
OUI, BIEN SÛR, MONSIEUR. ATTENDEZ QUE JE POSE MES PAQUETS ET MON SAC.
ILS SONT TOUT BLANCS! VOUS AUSSI, CETTE ANNÉE, VOUS NE VOUS ÊTES PAS BAIGNÉE SEINS NUS!
C'EST FINI, ÇA, MONSIEUR. C'EST DÉPASSÉ. CE N'EST PLUS TENDANCE
PENDANT 20 ANS, VOUS NE PORTEZ PLUS DE SOUTIEN-GORGE, ET BRUSQUEMENT VOUS EN REMETTEZ UN. INCOMPRÉHENSIBLE!
UN SLIP, C'EST UN TRIANGLE À LA CON! C'EST PAS UN MAILLOT DE BAIN. LES FEMMES ONT COMPRIS QU'UN DÉCOLLETÉ C'EST PLUS JOLI QUE RIEN DU TOUT!
QUOI DE PLUS JOLI QU'UNE PAIRE DE SEINS NUS?
VOUS NE COMPRENEZ RIEN À LA COQUETTERIE. IL Y A 1000 SORTES DE SOUTIENS-GORGE QUI METTENT LA POITRINE EN VALEUR. C'EST UNE PARURE. DES SEINS BIEN SOUTENUS, C'EST MIEUX QUE DES NÉNÉS QUI BALLOTTENT
APRÈS MAI 68, C'ÉTAIT UNE DES VICTOIRES DES FEMMES LIBÉRÉES.
MONTRER SES SEINS À N'IMPORTE QUI N'EST PAS UNE GRANDE VICTOIRE POUR LA LIBÉRATION DES FEMMES.
POURQUOI VOUS ME LES MONTREZ À MOI?
PARCE QUE VOUS M'AVEZ DIT POLIMENT QUE VOUS AVIEZ ENVIE DE LES VOIR. VOUS VOULEZ LES TOUCHER?
JE N'OSAIS PAS VOUS LE DEMANDER.
POURQUOI? LES SEINS SONT FAIT POUR ÊTRE PALPÉS.
AU REVOIR, MADEMOISELLE. MERCI POUR VOTRE GENTILLESSE.
DE RIEN, MONSIEUR. C'EST TOUT NATUREL!
WOLINSKI

RIEN!
ON PARLE POUR RIEN.
ON NE VEUT PLUS SE CREVER POUR RIEN!
ALORS, FORCÈMENT, ON N'ARRIVE À RIEN!
C'EST RIEN DE LE DIRE!
PLUS RIEN NE SE PASSE...
ON N'Y COMPREND RIEN.
ON ACHÈTE LORSQUE C'EST POUR RIEN!
MÊME POUR RIEN, CE N'EST PAS RIEN!
LES JEUNES NE CROIENT PLUS EN RIEN.
C'EST NORMAL. ON NE LEUR PROPOSE RIEN.
ILS N'ONT PLUS RIEN OÙ SE RACCROCHER.
ALORS, ILS NE FONT RIEN!
ET ILS DEVIENNENT DES BONS À RIEN.
DES VAURIENS!
DES MOINS QUE RIEN.
EN 2012, À PART L'AMOUR ET DES ÉCONOMIES, LES FRANÇAIS NE FONT RIEN!
RIEN!
RIEN!
RIEN!
WOLINSKI

PERVERSION
HÔTEL
ACCEPTEZ-VOUS, S'IL VOUS PLAÎT, DE POSER POUR MOI. IL S'AGIT DE PHOTOS UN PEU SPÉCIALES...
BIEN SÛR!
PAS DE PROBLÈME!
VEUILLEZ VOUS DÉSHABILLER ENTIÈREMENT, S'IL VOUS PLAÎT.
VEUILLEZ S'IL VOUS PLAÎT ENDOSSER LES TENUES QUI SONT SUR LE LIT.
ÇA Y EST?
GÉNIAL!
MERCI, MERCI.
C'EST TOUT?
OUI.
C'EST RÉPUGNANT!

SALE VICELARD! CE N'EST PAS COMME ÇA QU'ON SE COMPORTE AVEC DES JEUNES FEMMES CONVENABLES!
AU SECOURS! PFOU! PFOU!
GLOUP!
PAUVRES PETITES!
AU REVOIR.
BONNE JOURNÉE.
WOLINSKI

PAS DE PROBLÈME
BONJOUR, MONSIEUR. AVEZ-VOUS PASSÉ UNE BONNE NUIT ?
TRÈS BONNE, MERCI. J'AI TRÈS BIEN DORMI.
AVEZ-VOUS BIEN BAISÉ MADAME, AVANT DE RONFLER ?
LE PROBLÈME, ME DIT-ELLE C'EST QU'ELLE NE SENT RIEN LORSQUE JE LA PÉNÈTRE. MAIS ELLE N'AVAIT PAS L'AIR MÉCONTENTE.
MÊME SI ELLES NE SENTENT RIEN, LES FEMMES AIMENT QUE LES HOMMES CRACHENT LEUR PURÉE DANS LEURS ORIFICES NATURELS.
LE PROBLÈME. C'EST QUE, DEPUIS MA PROSTATE, JE N'AI PLUS DE SPERME. JE NE POURRAIS PAS METTRE ENCEINTE RACHIDA DATI.
PAUVRE CHÉRI ! À PART ÇA, AVEZ-VOUS BIEN CHIÉ CE MATIN ?
TRÈS BIEN ! APRÈS UN DÉPART DIFFICILE, J'AI OBTENU UNE BONNE DENSITÉ.
ET VOTRE COMPTE EN BANQUE ? COMMENT SE PORTE-T-IL ?
LE PROBLÈME C'EST QUE UN SALOPARD A OPÉRÉ 50 PRÉLÈVEMENTS FRAUDULEUX SUR INTERNET AU PROFIT DE "SECUTOCA", UN SITE PORNO.
CE N'EST PAS GRAVE. VOTRE BANQUE VA VOUS REMBOURSER.
OUI, JE SAIS. MAIS IL A FALLU QUE JE PORTE PLAINTE. TOUT ÇA M'ENNUIE ! HEUREUSEMENT LA FLIQUETTE ÉTAIT RAVISSANTE.
UN HOMME CÉLÈBRE, COMME VOUS, N'A JAMAIS DE PROBLÈMES.
JE NE SUIS PAS CÉLÈBRE, JE SUIS CONNU. SAVEZ-VOUS LA DIFFÉRENCE QU'IL Y A ENTRE UN HOMME CÉLÈBRE ET UN HOMME CONNU ?
NON, MONSIEUR.
UN HOMME CONNU C'EST UN HOMME DONT ON REMARQUE LA PRÉSENCE. UN HOMME CÉLÈBRE C'EST UN HOMME DONT ON REMARQUE L'ABSENCE.
HA ! HA ! HA ! EXCELLENT !
VOUS ÊTES CHARMANTE. JE FERAIS BIEN DES SALETÉS AVEC VOUS.
QUAND VOUS VOULEZ, MONSIEUR. IL N'Y A PAS DE PROBLÈME !
MERCI, MADEMOISELLE, ON EN REPARLE.
BONNE PROMENADE, MONSIEUR.
WOLINSKI

JUSTE UNE COPINE !
QUI C'EST, CETTE JOLIE FILLE QUI BOIT UN CAFÉ DANS LA CUISINE ?
UNE COPINE, QUE J'AI HÉBERGÉE CETTE NUIT DANS MA CHAMBRE, POUR LUI RENDRE SERVICE. ELLE HABITE EN BANLIEUE.
TU AS COUCHÉ AVEC ELLE ?
J'AI DORMI AVEC ELLE.
VOUS AVEZ FAIT L'AMOUR ?
PAPA, C'EST JUSTE UNE COPINE !
QUEL CON !
ON DORT ENSEMBLE, MAIS ON NE SORT PAS ENSEMBLE.
MAIS TU N'AVAIS PAS ENVIE D'ELLE ?
UN PEU.
COMMENT, UN PEU ?
C'EST PAS PARCE QU'ON A ENVIE QU'ON LE FAIT FORCÉMENT.
ELLE N'A PAS VOULU ?
J'SAIS PAS.
COMMENT, TU NE SAIS PAS ?
JE NE LE LUI AI PAS DEMANDÉ.
ELLE NE TE PLAISAIT PAS ?
OH SI ! ELLE EST SUPER BIEN ROULÉE !
ELLE S'EST DÉSHABILLÉE ?
OUI, PAPA, ON ÉTAIT À POIL.
TU NE L'AS PAS TOUCHÉE ?
ELLE M'A DIT : « BONNE NUIT » ET PUIS ELLE S'EST COUCHÉE.
C'EST TOUT ?
ELLE M'A DIT : « TU N'AS PAS HONTE, VILAIN GARÇON ? » PARCE QUE JE BANDAIS.
ET TU NE L'AS PAS BAISÉE ?
NON, JE ME SUIS BRANLÉ EN REGARDANT UN FILM PORNO SUR MON LECTEUR DE DVD. ELLE M'A UN PEU REGARDÉ FAIRE, ET PUIS ELLE S'EST ENDORMIE...
OH, LÀ LÀ !
CE MATIN, ELLE M'A DIT : « J'AI PASSÉ UNE SUPER SOIRÉE AVEC TOI. » ET ELLE M'A EMBRASSÉ SUR LA BOUCHE AVEC LA LANGUE !
ET ALORS ? ET ALORS !
ON A FAIT L'AMOUR.
ENFIN ! JE TE RETROUVE, MON FILS !
C'ÉTAIT MEILLEUR CETTE NUIT, PENDANT QU'ELLE DORMAIT...
WOLINSKI

IL N'Y A PLUS D'HOMMES
ON SORT ?
SI TU VEUX.
NON, ON RESTE À LA MAISON.
COMME TU VEUX.
FINALEMENT, ON SORT ! METS TA VESTE.
D'ACCORD !
ET PUIS NON, ON RESTE.
SI TU VEUX.
TU ES VRAIMENT UNE CHIFFE MOLLE !
C'EST VRAI !
TU N'ES PAS UN HOMME !
UN PEU TOUT DE MÊME !
TU ES FAIBLE, LÂCHE, MOU, INCAPABLE DE PRENDRE UNE DÉCISION.
JE NE VOIS PAS EN QUOI ÇA M'EMPÊCHE D'ÊTRE UN HOMME !
J'AI ÉPOUSÉ UNE MAUVIETTE !
IL FAUT PLUS DE COURAGE, POUR REFUSER D'ÊTRE FORT QUE POUR ACCEPTER D'ÊTRE FAIBLE.
AVANT, LES FAIBLES CACHAIENT LEUR FAIBLESSE. AUJOURD'HUI ILS L'AFFICHENT.
LES FORTS ONT TOUJOURS TOUT RATÉ. BOLLORÉ PLEURE LORSQU'IL RENVOIE UN EMPLOYÉ.
IL N'Y A PLUS D'HOMMES !
C'EST ÇA QUI EST BIEN !
LA FAIBLESSE EST À LA MODE, AUJOURD'HUI. CE SONT LES FAIBLES FEMMES QUI SONT LES PLUS FORTES !
FRANCHEMENT, JE VOUS PLAINS. VOUS ÉTIEZ PLUS HEUREUSES LORSQUE LES HOMMES N'ÉTAIENT PAS OBLIGÉS D'ÊTRE INTELLIGENTS POUR ÊTRE FORTS.
TU AS ENVIE DE MOI ?
SI TU VEUX.
WOLINSKI

LE CERCLE VICIEUX
BONJOUR, MADAME. J'AIMERAIS BEAUCOUP VOUS BAISER. S'IL VOUS PLAÎT.
ATTENDEZ. JE FINIS L'ARTICLE DE ONC'BERNARD SUR LA CRISE.
C'EST TERRIBLE, CE QUI SE PASSE! COMMENT VOULEZ-VOUS ME BAISER? HABILLÉE, DÉSHABILLÉE, À QUATRE PATTES, SUR UN LIT?
DÉSHABILLÉE SUR UN LIT. S'IL VOUS PLAÎT.
AVEC OU SANS PRÉLIMINAIRES?
JE VOUS EMBRASSERAIS BIEN.
OÙ ÇA? SUR LES JOUES?
NON, SUR LA BOUCHE, AVEC LA LANGUE.
EN ME TOUCHANT LES SEINS, LE CUL, OU LA CHATTE?
VOUS SAVEZ, LA CRISE TOUCHE TOUTES LES RÉGIONS DU MONDE.
EST-CE QUE VOUS CROYEZ QU'ON POURRA ÉVITER UNE CONTAGION DE LA CRISE ACTUELLE À L'ÉCONOMIE RÉELLE?
JE PENSE QUE LA CUPIDITÉ DU SYSTÈME FINANCIER EST SANS LIMITES.
AIMERIEZ-VOUS QUE JE VOUS FASSE UNE PIPE?
AVEC PLAISIR, MADAME.
PERMETTEZ-MOI DE VOUS DIRE QUE VOUS SUCEZ TRÈS BIEN, MADAME.
JE SAIS. DÉSHABILLEZ-VOUS.
L'ÉCONOMIE EST ENTRÉE DANS UN CERCLE VICIEUX.
C'ÉTAIT PRÉVISIBLE.
MONTEZ SUR MOI. JE SUIS TRÈS EXCITÉE.
MOI AUSSI, MADAME.
WOLINSKI

LAPSUS COUPABLE
POURQUOI M'ACCUSES-TU D'ÊTRE COUPABLE ?
PARCE QUE JE SAIS QUE TES PENSÉES SONT COUPABLES.
AVONS-NOUS DÉJÀ FAIT QUELQUE CHOSE DE PRÉSUMÉ COUPABLE ENSEMBLE ?
LES PENSÉES PRÉSUMÉES COUPABLES SONT SOUVENT PLUS CONDAMNABLES QUE LES ACTES PRÉSUMÉS COUPABLES.
CONDAMNER DES PENSÉES PRÉSUMÉES COUPABLES, C'EST UNE ATTEINTE À LA PRÉSOMPTION D'INNOCENCE.
TU PLONGES TON REGARD DANS MON CORSAGE, LORSQUE JE ME PENCHE, TU SCRUTES L'OMBRE SOUS MA JUPE LORSQUE JE CROISE MES JAMBES. C'EST ÇA, TA PRÉSOMPTION D'INNOCENCE ?
PRENDRE PLAISIR À CONTEMPLER LES CHARMES D'UNE JOLIE FEMME, CE N'EST PAS UN CRIME.
À CONDITION QUE LES INTENTIONS SOIENT PRÉSUMÉES HONNÊTES.
JE NE ME PERMETTRAIS AUCUN GESTE INCONVENANT À L'ÉGARD DE LA FEMME DE MON MEILLEUR AMI.
CE SONT TES AIRS DE NE PAS Y TOUCHER QUI SONT INCONVENANTS LORSQU'ON PRÉSUME CE QUE TU AS DERRIÈRE LA TÊTE.
COMMENT PEUX-TU PRÉSUMER CE QUE JE PEUX AVOIR DERRIÈRE LA TÊTE ?
C'EST SIMPLE. JE N'AI QU'À ENLEVER MA CULOTTE.
TON REGARD EST PLUS ÉLOQUENT QUE TON SILENCE.

J'ÉTAIS UN PRÉSUMÉ INNOCENT, ME VOILÀ DEVENU UN PRÉSUMÉ COUPABLE.
LE PRÉSUMABLE EST SOUVENT INÉLUCTABLE, ET PARFOIS DÉLECTABLE.
WOLINSKI

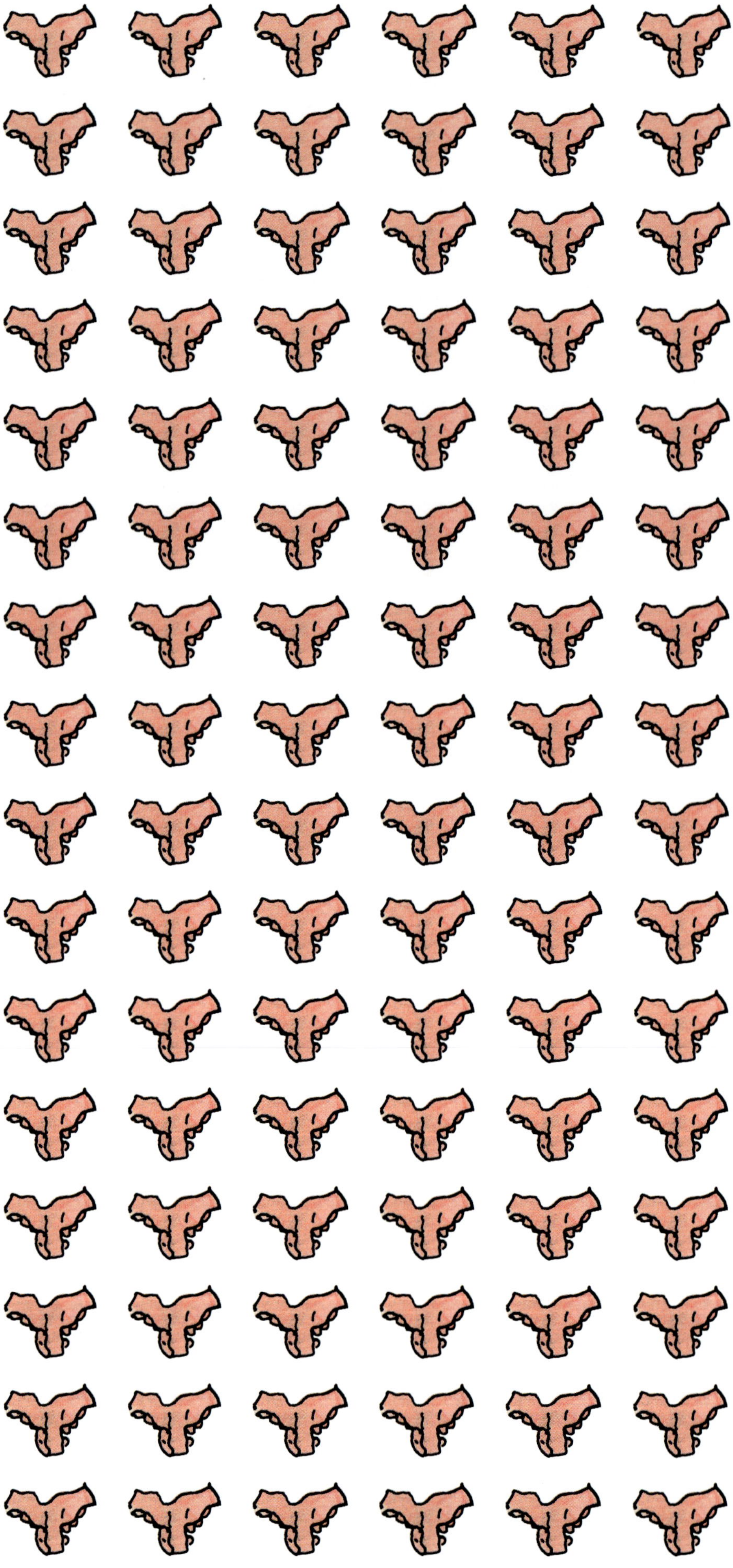

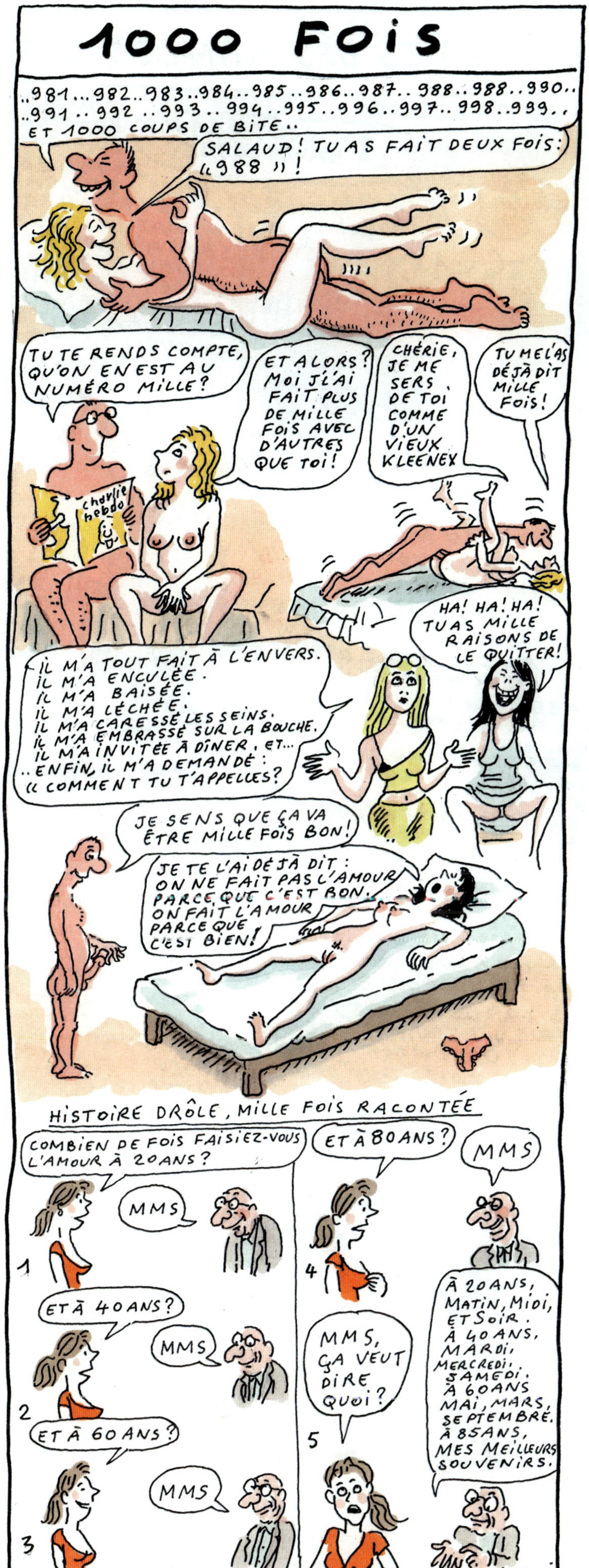
1000 FOIS
..981...982..983..984..985..986..987..988..988..990..
..991..992..993..994..995..996..997..998..999..
ET 1000 COUPS DE BITE..
SALAUD! TU AS FAIT DEUX FOIS : « 988 » !
TU TE RENDS COMPTE, QU'ON EN EST AU NUMÉRO MILLE?
charlie hebdo
ET ALORS? MOI J'AI FAIT PLUS DE MILLE FOIS AVEC D'AUTRES QUE TOI!
CHÉRIE, JE ME SERS DE TOI COMME D'UN VIEUX KLEENEX
TU ME L'AS DÉJÀ DIT MILLE FOIS!
HA! HA! HA! TU AS MILLE RAISONS DE LE QUITTER!
..IL M'A TOUT FAIT À L'ENVERS.
IL M'A ENCULÉE.
IL M'A BAISÉE.
IL M'A LÉCHÉE.
IL M'A CARESSÉ LES SEINS.
IL M'A EMBRASSÉ SUR LA BOUCHE.
IL M'A INVITÉE À DÎNER, ET...
..ENFIN, IL M'A DEMANDÉ :
« COMMENT TU T'APPELLES?
JE SENS QUE ÇA VA ÊTRE MILLE FOIS BON!
JE TE L'AI DÉJÀ DIT : ON NE FAIT PAS L'AMOUR PARCE QUE C'EST BON. ON FAIT L'AMOUR PARCE QUE C'EST BIEN!
HISTOIRE DRÔLE, MILLE FOIS RACONTÉE
1
COMBIEN DE FOIS FAISIEZ-VOUS L'AMOUR À 20 ANS?
MMS
2
ET À 40 ANS?
MMS
3
ET À 60 ANS?
MMS
4
ET À 80 ANS?
MMS
5
MMS, ÇA VEUT DIRE QUOI?
À 20 ANS, MATIN, MIDI, ET SOIR. À 40 ANS, MARDI, MERCREDI, SAMEDI. À 60 ANS MAI, MARS, SEPTEMBRE. À 85 ANS, MES MEILLEURS SOUVENIRS.
WOLINSKI

LES PUTES DES ANNÉES 50
LES BRANLEUSES
C'EST CENT FRANCS LA BRANLETTE.
J'HABITAIS À FONTENAY-SOUS-BOIS QUAND J'AVAIS 20 ANS. ELLES ATTENDAIENT SOUS LES ARBRES, À MINUIT, LORSQUE JE SORTAIS DU MÉTRO. J'AVAIS L'IMPRESSION DE ME FAIRE MASTURBER PAR UN FANTÔME. ON NE FAISAIT PAS SOUVENT L'AMOUR DANS LES ANNÉES 50.
TU MONTES?
LES INTELLOS
RUE ST-DENIS. JE M'ARRÊTE PILE DEVANT UNE PETITE PUTE ADOSSÉE AU MUR. J'ÉTAIS SURPRIS DE LA VOIR LIRE UN ROMAN. J'HÉSITAIS. PUIS JE LUI AI DEMANDÉ : «TU MONTES?» ELLE FERMA SON LIVRE, LE GLISSA DANS SON SAC, ET SE DIRIGEA VERS UN HÔTEL PROCHE, SANS ME REGARDER, SANS DIRE UN MOT. JE LA SUIVIS. ELLE CONNAISSAIT MES DESSINS. ELLE ME RACONTA SA VIE. ELLE AVAIT UN MAQUEREAU ALLEMAND. JE LA REVIS QUELQUEFOIS, JE L'INVITAI UNE FOIS À DÎNER. ELLE ÉTAIT TRISTE. SON MAC AVAIT TOUT CASSÉ CHEZ ELLE PARCE QU'ELLE VOULAIT ARRÊTER LA RUE.
LES LÈCHE-CUL
LORSQUE J'ALLAIS CHEZ DOLORÈS, RUE ST-DENIS, J'ACHETAIS UNE BOUTEILLE DE JOHNNY WALKER. ELLE M'EMBRASSAIT. ON BUVAIT UN COUP. SI UN CLIENT TAPAIT À LA PORTE, ELLE LUI DEMANDAIT DE REVENIR PLUS TARD. DOLORÈS ÉTAIT UNE VRAIE PRO. ELLE ME FAISAIT JOUIR TRÈS FORT. LAVE-TOI LE CUL ME DISAIT-ELLE EN ME MONTRANT LE BIDET. JE VAIS TE FAIRE UNE "FEUILLE DE ROSE". PARFOIS, ELLE M'EMMENAIT DANS UNE CHAMBRE OÙ ON POUVAIT VOIR À TRAVERS LE MIROIR. UNE COPINE À ELLE BAISAIT UN COSTAUD EN NOUS REGARDANT AVEC UN SOURIRE COMPLICE. ELLE SAVAIT QU'ON ÉTAIT LÀ, PAS LUI.

LES EMBRASSEUSES
EN 1959, MA COMPAGNIE DU 5e GÉNIE ÉTAIT EN
ROUTE VERS LE DÉSERT DE REGGANE. NOUS
AVONS PASSÉ LA NUIT À ORAN.
LE SOIR, BIEN SÛR! NOUS SOMMES ALLÉS
AU BORDEL. PIERRE EST MONTÉ AVEC UNE TRÈS MIGNONNE
EN DESCENDANT, IL ME GLISSE À L'OREILLE: « VAS-Y, ELLE
EMBRASSE SUR LA BOUCHE. » JE SUIVIS LA FILLE À
L'ÉTAGE DES CHAMBRES. ELLE SE DÉSHABILLE,
ALLUME UN CIGARILLO, ET ME REGARDE.
JE LA PRENDS DANS MES BRAS.
ELLE ME TEND SES LÈVRES, ET
ME FOURRE SA LANGUE
DANS LA BOUCHE.
C'ÉTAIT DÉLICIEUX.
JAMAIS UNE PUTE
NE M'AVAIT EMBRASSÉ.
ET PUIS, ELLE M'A SUCÉ.
ÇA M'A AIDÉ À VIVRE
PLUS D'UN AN DANS
UN DÉSERT SANS
HÔTEL CARLTON.
WOLINSKI

SI J'ÉTAIS UNE FEMME...
ON S'EN BOIT UNE AUTRE ?
TU AS UNE AUTRE BOUTEILLE DE CHAMPAGNE ?
JE SUIS DÉJÀ POMPETTE.
BONSOIR.
BONSOIR, CHÉRI.
TU BOIS UNE COUPE AVEC NOUS ?
NON MERCI. TU SAIS BIEN QUE JE NE SUPPORTE PAS LE CHAMPAGNE
BONNE NUIT. JE VAIS ME COUCHER. JE SUIS CREVÉ.
TU NE DOIS PAS T'AMUSER TOUS LES JOURS, AVEC TON MEC...
J'AIME LES HOMMES UN PEU FRAGILES.
LES FILLES, J'AI UNE IDÉE...
ON VA ALLER FAIRE UNE PETITE VISITE À MON HOMME.
COUCOU ! C'EST NOUS.
OH LÀ LÀ, MA TÊTE, QUELLE SOIRÉE !
JE T'AI PRÉPARÉ DU THÉ VERT. ÇA VA TE FAIRE DU BIEN.
JE CROIS QU'ON A FAIT UN TAS DE BÊTISES. TU NE M'EN VEUX PAS ?
TU AS FAIT TOUT CE QUE J'AURAIS ENVIE DE FAIRE SI J'ÉTAIS UNE FEMME.
WOLINSKI

J'AURAIS ADORÉ ÊTRE UNE FEMME
LES HOMMES SONT DES BROUILLONS. LES FEMMES SONT DES CHEFS-D'OEUVRE.
LES FEMMES SONT DANS L'AIR DU TEMPS.
LES FEMMES D'AUJOURD'HUI. PAS CELLES D'HIER, LES PAUVRES!
FINI, LES PLEURNICHEUSES, LES HYSTÉRIQUES, LES FRIGIDES, LES COINCÉES. LES FEMMES D'AUJOURD'HUI ONT PRIS LE POUVOIR. ELLES SONT PATRONNE DES PATRONS...
..MINISTRE DES ARMÉES..
..BIENTÔT, J'ESPÈRE PRÉSIDENTE DE LA RÉPUBLIQUE.
LES HOMMES ONT PEUR DES FEMMES. ÇA LES REND GROGNONS, PHILOSOPHES, CRITIQUES DE CINÉMA, ARTISTES CONCEPTUELS, SUPPORTERS POLITOLOGUES, CONSEILLERS, ÉDITORIALISTES INTERNAUTES. LES HOMMES SONT FOUTUS!
ON PEUT AVOIR ENVIE D'ÊTRE PÉNÉTRÉ SANS ÊTRE UN INVERTI.
METS-TOI À QUATRE PATTES SUR LE LIT, MON CHÉRI.
J'AI HONTE.
JE SUIS SÛRE QUE TU VAS AIMER ÇA.
FRANÇAIS, CESSONS DE JOUER LES BAYROU ET LES SARKO. LES GROS MÂLES, ET LES PETITS MECS. SOYONS FOLLES!
LAISSONS LES FEMMES FAIRE LE MÉNAGE.
LA FRANCE EST POUSSIÉREUSE, EN DÉSORDRE, MAL TENUE. IL FAUT ME BRIQUER TOUT ÇA. REMETTRE L'ÉTAT EN ÉTAT.
OUI MADAME, BIEN MADAME.
LES FEMMES SE FOUTENT DU RÉCHAUFFEMENT CLIMATIQUE MAIS ELLES VEULENT QUE LES VITRES SOIENT PROPRES ET QUE LE PARQUET BRILLE.
IL FAUT QUE NOTRE ENVIRONNEMENT RESSEMBLE À QUELQUE CHOSE. NOUS NE SOMMES PAS DES N'IMPORTE QUI!
LES FEMMES VONT ENFIN DIRE LES CHOSES COMME ELLES SONT, ET REMETTRE LES IDÉES À LEUR PLACE.
TOUT CE QUI EST BON POUR LES HOMMES EST MALSAIN.
TOUT CE QUI EST BIEN POUR LES FEMMES EST JUSTE.
WOLINSKI

BONNE ANNÉE!
QUE VEUX-TU COMME CADEAU POUR LA NOUVELLE ANNÉE ?
QUELQUE CHOSE QUI SOIT AU-DESSUS DE TES MOYENS...
JE SUIS POUR LES RÉFORMES À CONDITION QU'ELLES SOIENT JUSTIFIÉES !
PLUS LES RÉFORMES SONT JUSTIFIÉES, PLUS ELLES SONT IMPOPULAIRES !
.PLAN DE RELANCE. .EMPRUNT. TAXES STATUTS
CE QUI EST RASSURANT, C'EST QUE LES PAYS SE RÉUNISSENT À COPENHAGUE POUR SAUVER LA PLANÈTE DU RÉCHAUFFEMENT CLIMATIQUE.
CE QUI EST INQUIÉTANT, C'EST QU'ILS SE SONT RÉUNIS POUR RIEN!
QUOI DE NEUF?
CE N'EST PAS PARCE QU'ON A VENDU, EN FRANCE, 2 MILLIONS ET DEMI DE VOITURES EN 2009 QUE JE VAIS EN ACHETER UNE!
TU NE SERAS TOUTE TA VIE QU'UN ACHETEUR POTENTIEL!
DEMAIN MATIN, IL PLEUT.
EN 2010, SI LES MOYENS S'UNISSENT AVEC LES PETITS, LES PUISSANTS VONT ENFIN COMPRENDRE QU'ILS NE SONT PLUS LES MAÎTRES DU MONDE!
ALORS, C'EST ÇA LA FRANCE DE DEMAIN?
BONNE ANNÉE, CHÉRIE, AS-TU ENVIE DE FAIRE L'AMOUR?
OUI, CHÉRI, MAIS PAS AVEC TOI...
WOLINSKI

JE ME SENS BIEN
QUEL EST VOTRE PROBLÈME, MONSIEUR ?
RIEN NE VA AUTOUR DE MOI. MA FEMME A PERDU LA TÊTE, MA BANQUE A PERDU SES REPÈRES, MOI, J'AI PERDU MA PLACE. ET POURTANT, JE ME SENS BIEN.
VOUS AVEZ BIEN FAIT DE ME CONSULTER. JE VAIS VOUS POSER QUELQUES QUESTIONS.
ON M'A DIT QUE VOUS ÉTIEZ UNE TRÈS BONNE PSYCHOTÉRAPUTE
QUE PRENEZ-VOUS COMME ANTIDÉPRESSEUR ?
UNE BOUTEILLE DE VIN ROUGE
VOUS NE PRENEZ AUCUN ANXIOLYTIQUE ?
NON, MADAME.
APPELEZ-MOI MARION. VOUS AVEZ RÉELLEMENT BESOIN D'UNE ASSISTANCE PSYCHOLOGIQUE !
APPELEZ-MOI GEORGES.
VOUS ARRIVE-T-IL D'AVOIR DES INSOMNIES, GEORGES ?
NON, MARION.
AVEZ-VOUS DES PROBLÈMES DE DIGESTION, GEORGES ?
NON, MARION.
SEXUELLEMENT COMMENT ÇA VA, GEORGES ?
LA SEMAINE DERNIÈRE, J'AI EU UNE ÉRECTION, MARION
GEORGES, VOUS ALLEZ MAL. IL NE FAUT PAS AVOIR PEUR D'ALLER MAL. C'EST NORMAL D'ALLER MAL. LES BIENHEUREUX SONT DES CRÉTINS QUI REFUSENT DE REGARDER LA VÉRITÉ EN FACE. LE MALHEUR EST ENRICHISSANT, TONIQUE, IL VOUS OBLIGE À RÉAGIR, À RÉFLÉCHIR. LE MALHEUR A DES COUILLES ! LE BONHEUR N'EN A PAS.
MERCI, MARION. JE VIVAIS COMME UNE LARVE DANS UNE FENTE. AIDEZ-MOI ! AIDEZ-MOI !.. SLURP !
GEORGES, ÇA NE PEUT PAS SE FAIRE EN UN JOUR. IL FAUDRA DES SEMAINES, DES MOIS, PEUT-ÊTRE, POUR APPRENDRE À PERDRE VOTRE CONFIANCE EN VOUS. POUR VOIR TOUT EN NOIR. POUR VOUS SENTIR ABANDONNÉ, DÉSESPÉRÉ, FOUTU ! JE VAIS VOUS PRESCRIRE UN HYPERDÉPRESSEUR !
OUI ! OUI DÉPRESSE-MOI ! PRESSE-MOI ! COMPRESSE-MOI ! EMPRESSE-TOI !
JE VOIS MARION TOUTES LES SEMAINES. ELLE M'A AUGMENTÉ 4 FOIS MES DOSES. TOUT VA BIEN ! JE ME SENS AUSSI MAL QUE N'IMPORTE QUEL USAGER, PIÉTON, ÉLECTEUR, CITOYEN, INDIVIDU... TOUT VA BIEN ! TOUT VA BIEN...
AU SECOURS !
WOLINSKI
SI VOUS VOULEZ EN SAVOIR PLUS. ALLEZ AU THÉÂTRE DES VARIÉTÉS. 7, Bd MONTMARTRE 75002 PARIS. ALLEZ VOIR LE SPECTACLE QUI FAIT RIRE LES FEMMES :
"J'ADORE MA FEMME" AVEC SUR SCÈNE LE FABULEUX YVES PUJOL QUI DIT MES CONNERIES. LOCATION : 01 42 33 09 92.

WOLINSKI

MAUVAIS CONSEILS
NE DITES PAS D'UNE FEMME FRUSTRÉE QU'ELLE EST MAL BAISÉE. DITES QU'ELLE EST HORIZONTALEMENT CONTRARIÉE.
NE CHERCHEZ PAS À PARAÎTRE INTELLIGENT. VOUS FEREZ RICANER CEUX QUI LE SONT PLUS QUE VOUS. ET VOUS VOUS FEREZ DÉTESTER PAR CEUX QUI LE SONT MOINS.
NE DITES JAMAIS CE QUE VOUS PENSEZ. DITES CE QUE PENSENT LES GENS.
NE FAITES JAMAIS CONFIANCE À CEUX QUI VOUS FONT CONFIANCE.
NE DITES JAMAIS LA VÉRITÉ. LA VÉRITÉ N'EST PAS GENTILLE.
NE VOUS APITOYEZ QUE SUR VOTRE SORT.
NE FAITES JAMAIS FACE À VOTRE PATRON LORSQU'IL A ENVIE DE REGARDER VOTRE CUL.
MARIE-CLAIRE, ON VOIT VOTRE CUL DANS LE MIROIR.
RIEN NE VOUS ÉCHAPPE, MONSIEUR.
NE VOUS LAISSEZ JAMAIS FAIRE PAR QUELQU'UN QUI VOUS VEUT DU BIEN.
POURQUOI ME BANDES-TU LES YEUX ?
PARCE QUE CE FILM PORNO EST DÉGUEULASSE !
NE SOYEZ PAS SUSCEPTIBLE. LES EAUX CROUPISSANTES DE L'ÉTANG N'ONT JAMAIS RÉUSSI À ALTÉRER LA BEAUTÉ DU NÉNUPHAR.
C'EST MAGNIFIQUE !
ÇA NE M'ÉTONNE PAS QU'IL Y AIT TANT DE MONDE À L'EXPO MONET. C'EST UNE PEINTURE QUI PLAÎT AUX CONS !
WOLINSKI

J'aime…

PAUVRE TYPE !
ÇA FAIT 30 ANS QUE JE FAIS LES MÊMES DESSINS. IL FAUT QUE JE CESSE DE RACONTER MON PASSÉ, MES RADOTAGES FINISSENT PAR ME LASSER. JE RÉPÈTE SANS CESSE LES MÊMES PHRASES DÉSABUSÉES ! COMMENT TROUVER L'ÉNERGIE DE ME RENOUVELER ? ÉCRIRE UN ROMAN PEUT-ÊTRE ?
JE CROIS QU'ON A BESOIN DE VACANCES. ET QUE TU ÉCRIVES UN ROMAN SUR MOI.
JE NE SUIS PAS VICTOR HUGO. ÉCOUTE CE QU'IL ÉCRIVAIT PENDANT SON VOYAGE VERS LES PYRÉNÉES : « C'EST UN INSTINCT DES FEMMES DANS TOUS LES PAYS, D'AJOUTER LA COQUETTERIE À LA NATURE ; LA NATURE LEUR DONNE LA CHEVELURE. ELLES Y AJOUTENT LA COIFFURE ; LA NATURE LEUR DONNE LE COU BLANC ET SOUPLE. C'EST PEU DE CHOSE, ELLES Y ATTACHENT LE COLLIER ; LA NATURE LEUR DONNE LE PIED FIN ET PETIT, CE N'EST POINT ASSEZ, ELLES LE REHAUSSENT PAR LA CHAUSSURE. DIEU LES A FAITES BELLES, CELA NE LEUR SUFFIT PAS, ELLES SE FONT JOLIES. »
C'EST SUPERBE ! QUEL TALENT !
C'EST RINGARD, LE TALENT. AUJOURD'HUI, ON NE CRÉE PLUS. ON FABRIQUE. ON CHERCHE L'ANGLE. ON CHERCHE CE QUI PLAÎT. ON PROVOQUE, LA LAIDEUR EST PLUS VENDEUSE QUE LA BEAUTÉ. ON NE S'AIME PLUS, ON SORT ENSEMBLE. ON NE S'ACCOUPLE PLUS, ON SE FAIT DES CÂLINS. LES JUPETTES VOLENT AU-DESSUS DES TRANSPARENCES. LES FILLETTES ONT LE NEZ PERCÉ ET SE TOUCHENT DANS LES CABINETS.
POURQUOI ME DESSINES-TU TOUJOURS À POIL ?
C'EST À CAUSE DES LECTEURS DE "CHARLIE HEBDO", TOUS DES OBSÉDÉS !
TOI LE PREMIER !

TU CROIS QUE J'AIME CE QUE JE FAIS ? TU CROIS QUE JE M'AIME ? TOUT M'ENNUIE ! VIVRE, CE N'EST PAS TRAVAILLER, AVOIR DES HORAIRES, DES OBLIGATIONS. VIVRE, C'EST NE PAS SAVOIR QUAND ON SE COUCHE. NE RIEN PRÉVOIR. GASPILLER, SE PERDRE. REFUSER LA MONOTONIE DU QUOTIDIEN. VIVRE, C'EST ÊTRE CONTRE TOUT CE QUI EST BIEN, ET POUR TOUT CE QUI EST BON.
PAUVRE TYPE !
WOLINSKI

LES NOUVEAUX BUREAUX DE « CHARLIE HEBDO »
MAQUETTE
BOULOT
IDÉE !
DODO
CUI CUI
PEUT-ON RIRE DE TOUT ?
C'EST BON
SALAUD !
DÉLIRE
GÉNIE
BISCUIT ?
MERCI
LA RÉUNION
LA DIRECTION
SITUATION...
PROBLÈME..
QU'EST-CE QUE C'EST ?
ON SE CALME !
UNE BITE
C'EST PAS COMME ÇA !
TOILETTES
JARDIN INTÉRIEUR
RÉCEPTION
GARDE
STAGIAIRE
IL N'EST PAS LÀ..
NE QUITTEZ PAS.
SECRÉTARIAT
WOLINSKI

FINANCEMENT OCCULTE
MONSIEUR L'HUMORISTE, JE SUIS "LE CHINOIS" UN DES HOMMES LES PLUS RICHES DU MONDE.
TRÈS HONORÉ !
LA CRISE MONDIALE QUE NOUS TRAVERSONS N'EST PAS UNE CRISE DE FOU RIRE. TOUT VA MAL ! ET VOUS, VOUS RICANEZ. VOUS VOUS MOQUEZ DE L'AFFOLEMENT DES MARCHÉS ET DE LA DÉTRESSE DES POSSÉDANTS.
JE FAIS MON BOULOT, MONSIEUR LE CHINOIS.
VOUS VOUS MOQUEZ DE TOUT CE QUI EST RESPECTABLE, HONORABLE, ADMIRABLE : LE POUVOIR, L'ARGENT, LA PUISSANCE, LA RELIGION... IL FAUT QUE CELA CESSE ! OU ON TE TRANCHERA LES DEUX MAINS !
VOUS.. VOUS PLAISANTEZ !
J'AI UNE PROPOSITION À VOUS FAIRE, MONSIEUR L'HUMORISTE. CETTE VALISE CONTIENT 50 MILLIONS DE DOLLARS. ELLE EST À VOUS SI VOUS ACCEPTEZ D'ÊTRE ENFIN SÉRIEUX ET DE NE PLUS SALIR LE MARCHÉ ! ET EN PLUS, UN CADEAU ! CETTE JEUNE PERSONNE AUSSI EST À VOUS. ELLE EST TRÈS COMPÉTENTE EN LIBERTINAGE... VOILÀ QUI OCCUPERA VOS SOIRÉES. À PRÉSENT VOUS ÊTES RICHE, ET VOUS DEVEZ VOUS COMPORTER COMME UN RICHE ! BIENVENUE AU CLUB !
C'EST PAS VRAI !
AU SECOURS !
WOLINSKI

J'AIME ...

J'AIME L'HUILE D'OLIVE. LORSQUE J'ÉTAIS GOSSE À TUNIS ET QUE JE REVENAIS DU LYCÉE CARNOT. JE VERSAIS L'HUILE DE LA GARGOULETTE DANS UNE ASSIETTE, ET JE TORCHAIS AVEC DU GROS PAIN. MIAM! MIAM!

J'AIME EMBRASSER LA BOUCHE DES FEMMES. AU CINÉMA, DANS LES ANNÉES 40, LES FILMS AMÉRICAINS SE TERMINAIENT TOUJOURS PAR UN "KISS", AVANT "THE END". LA FIN DU FILM ET LE DÉBUT DE TOUT CE QUI ÉTAIT SUGGÉRÉ, PAR LE CONTACT DE QUATRE LÈVRES ENFIÉVRÉES CACHANT LA DANSE DES LANGUES HUMIDES. UN BAISER! LE PASSEPORT OBLIGATOIRE POUR LE VOYAGE AMOUREUX DES CORPS DÉNUDÉS DANS LE MYSTÈRE OBSCÈNE DES ALCOVES. C'ÉTAIT PERMIS. LE BAISER VOULAIT TOUT DIRE. EN 2010, ON S'EMBRASSE MOINS PUISQU'ON PRATIQUE NONCHALAMMENT LA GYMNASTIQUE PORNOGRAPHIQUE DU CINÉMAX.

J'AIME NE PENSER À RIEN. J'AI PASSÉ MA VIE À NE PENSER À RIEN, PARCE QUE JE NE M'INTÉRESSE À RIEN. LES RÉGIONALES COMME "TRISTES TROPIQUES", LE LIVRE DE C. LEVI-STRAUSS, JE N'Y COMPRENDS RIEN. LE MONDE QUI M'ENTOURE, LES TRIBUS, LES RITES, LA POLITIQUE, L'ÉCONOMIE, SONT INCOMPRÉHENSIBLES POUR LES GENS INTELLIGENTS. IL FAUT ÊTRE TRÈS CON POUR SAISIR LA COMPLEXITÉ DE L'ACTUALITÉ. IL Y A TROP DE QUESTIONS SANS RÉPONSES DANS CE MONDE INQUIET OÙ JE NE FAIS QUE PASSER. LE DESSIN, L'ÉCRITURE NE SERVENT QU'À METTRE EN VALEUR NOTRE IGNORANCE.

LA RÉALITÉ EXISTE-T-ELLE? L'INSTINCT N'A-T-IL PAS PLUS DE SENS QUE LA PENSÉE? SOYONS PLUS SENTIMENTAUX QUE RATIONELS. VOTONS SÉGOLÈNE OU CÉCILE PARCE QU'ON AIME LEURS SOURIRES PLUS QUE LEURS IDÉES. J'AIME VOTER. LES FRANÇAIS AUSSI, LES ABSTENTIONNISTES SONT DES BRANLEURS. FAISONS GLISSER NOS BULLETINS EN ÉRECTION DANS LES URNES ENTROUVERTES. «A VOTÉ!» C'EST BON. COMME FILLON, DÉFENDONS NOS VALEURS, LES MIENNES SONT DE GAUCHE. J'AIME LE FRIC, MAIS PAS LES RICHES. JE NE SUIS PAS DOUÉ POUR LE POUVOIR, LE CHANGEMENT, LA MOBILISATION, LA STRATÉGIE, L'IDENTITÉ NATIONALE. LES THÈMES BIDONS D'UNE DROITE MALHONNÊTE.

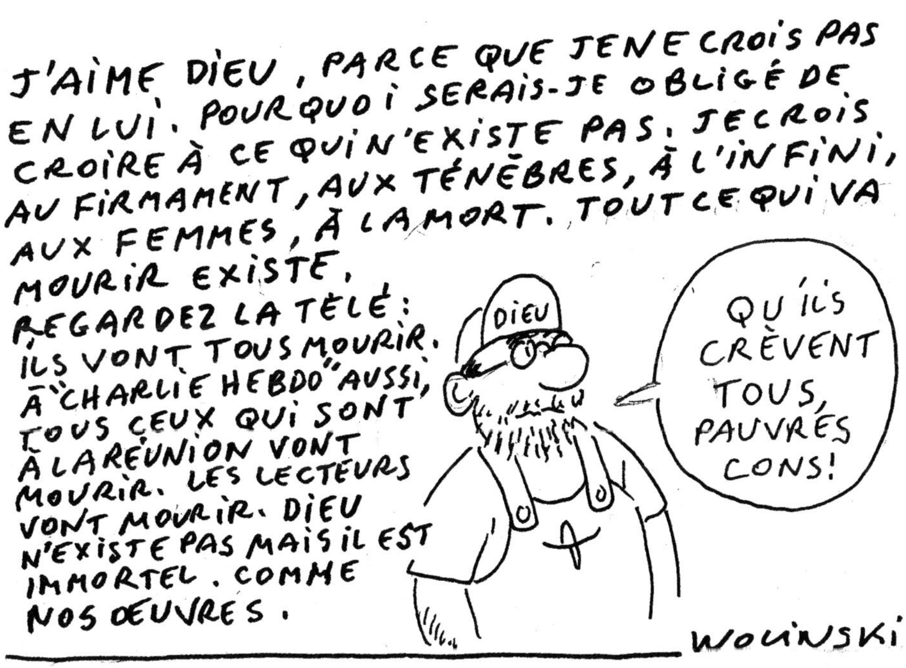
J'AIME DIEU, PARCE QUE JE NE CROIS PAS EN LUI. POURQUOI SERAIS-JE OBLIGÉ DE CROIRE À CE QUI N'EXISTE PAS. JE CROIS AU FIRMAMENT, AUX TÉNÈBRES, À L'INFINI, AUX FEMMES, À LA MORT. TOUT CE QUI VA MOURIR EXISTE.
REGARDEZ LA TÉLÉ : ILS VONT TOUS MOURIR. À "CHARLIE HEBDO" AUSSI, TOUS CEUX QUI SONT À LA RÉUNION VONT MOURIR. LES LECTEURS VONT MOURIR. DIEU N'EXISTE PAS MAIS IL EST IMMORTEL. COMME NOS ŒUVRES.
DIEU
QU'ILS CRÈVENT TOUS, PAUVRES CONS !
WOLINSKI

ASSEZ, ASSEZ, ASSEZ DE POLITIQUE!
LA POLITIQUE C'EST: S..... JE N'AI PLUS ENVIE DE DESSINER: S... J'EN AI MARRE DE CET OBSÉDÉ DE LUI-MÊME, DE SES ROUERIES, DE SES TRUCS, DE SES AMIS ANTIPATHIQUES. J'AI PRIS LA DÉCISION DE FINIR MES JOURS DANS LA PEAU D'UN ARTISTE.
QUAND JE PEINS, JE NE PENSE À RIEN. LES ARTISTES ONT LA TÊTE VIDE. LES POLITIQUES ONT LE CRÂNE PLEIN D'AMBITION. TOUT CE QUE JE DEMANDE, C'EST D'ÊTRE RICHE ET CÉLÈBRE. QUI ÇA DÉRANGE?
EN 2007, LES PLASTICIENS ONT OUBLIÉ LA BEAUTÉ, LES GALERISTES FONT DU BISENESS, LES CRITIQUES D'ART SONT DES ENCULÉS. PERSONNE NE REND HOMMAGE À LA BEAUTÉ NACRÉE DES SEINS, DES FESSES, DES PEAUX... LA LAIDEUR EST À LA MODE.
DEPUIS QUE JE SUIS TOUT PETIT, J'ADORE LA BEAUTÉ DE MES VOISINES, DE MES COUSINES, DES ACTRICES DES COMÉDIES MUSICALES. POURQUOI DEVRAIS-JE ÊTRE ATTENTIF AUX GESTICULATIONS ET AUX GRIMACES D'INTRIGANTS MALFAISANTS?
S.... ET SA BANDE FONT SEMBLANT DE DÉCOUVRIR CE QUI NE FONCTIONNE PAS EN FRANCE. LE TRAVAIL N'EST PLUS FÉCOND, L'EMPLOI EST OMNI-ABSENT. L'IRAN EST ATOMIQUE.
J'IMAGINAIS PAS ÇA COMME ÇA. C'EST TOUT CHIFFONNÉ.
JE ME DEMANDE QUEL GENRE DE DESSINS TU FERAS LORSQUE TU SERAS GRAND?
LA TURQUIE VOILE MÊME LES PUTES UKRAINIENNES, LES PATRONS FRÉQUENTENT LES CHEFS D'ÉTAT. LES SYNDICATS RASSEMBLENT LA RACAILLE ET LES PROFS TATOUÉS. LE PREMIER MINISTRE EST INSIGNIFIANT, LA JUSTICE EST CARACTÉRIELLE, L'ÉGLISE EST FAUSSE COMME UN JETON. LA CULTURE NE PÈTE PAS PLUS HAUT QUE SON CUL. LE PEUPLE A PRIS 10 KG. LES BOURGEOIS VONT SE FAIRE PENDRE AILLEURS. LES SOLUTIONS SONT PLUS NOCIVES QUE LES PROBLÈMES. AUJOURD'HUI, LORSQU'ON NE SAIT PAS QUOI FAIRE, ON AGIT! PLUS PERSONNE NE CROIT À UN MONDE MEILLEUR!
J'ADMIRE PICASSO, MATISSE, INGRES, BOTTICELLI, GOYA... ILS M'ONT TENU COMPAGNIE TOUTE MA VIE. ILS M'ONT RENDU HEUREUX, ILS M'ONT CARESSÉ L'ÂME. AUJOURD'HUI L'ART, C'EST COMME LA POLITIQUE. C'EST CALCULATEUR, ROUBLARD, FAUX CUL. LA POLITIQUE CONTEMPORAINE EST UNE PEINTURE BLANCHE ACCROCHÉE SUR UN MUR BLANC. ÇA VAUT DES MILLIONS DE DOLLARS. ALORS QU'IL SUFFIT DE TROIS COUPS DE CRAYON POUR ILLUSTRER "L'IMPASSE", LE LIVRE FIELLEUX DE JOSPIN. JE PRÉFÈRE L'OFFRIR À FRANÇOIS HOLLANDE, POUR SERVIR DE COUVERTURE À SON PROCHAIN LIVRE: « L'OUVERTURE »!
WOLINSKI

J'OUBLIE TOUT
SALUT, GEORGES. COMMENT VAS-TU ? JE REGARDE TOUJOURS TES DESSINS DANS "LE CANARD ENCHAÎNÉ". YA LONGTEMPS QU'ON NE S'EST PAS VUS. TU TE SOUVIENS DE MOI ?
PAS DU TOUT ! ET JE N'AI JAMAIS DESSINÉ POUR LE "CANARD".
CHARLIE HEBDO
GEORGES, TU N'AS PAS CHANGÉ.
TOI NON PLUS !
QUI EST-CE ?
EH, GEORGES !
SALUT.
QUI C'EST, CE MEC ?
MAIS C'EST GEORGES !
TU CONNAIS MON AMANT ?
NON.
UN SOIR, EN SORTANT DE L'ÉCOLE DES BEAUX-ARTS, TU M'AS RACCOMPAGNÉE CHEZ MOI. NOUS AVONS FAIT L'AMOUR SUR MON PETIT LIT DE JEUNE FILLE, ET TU M'AS DIT... TU TE SOUVIENS DE CE QUE TU M'AS DIT ? TU M'AS DIT : « JE T'AIME. » APRÈS, ON S'EST MARIÉS. ON A EU DEUX ENFANTS, ET JE SUIS MORTE.
TU ES SÛRE QUE C'EST MOI ?
GEORGES, AS-TU ENFIN PRIS UN RENDEZ-VOUS AVEC TON MÉDECIN AU SUJET DE TES PROBLÈMES DE MÉMOIRE ?
J'AI OUBLIÉ.
DOCTEUR, C'EST DRAMATIQUE. JE NE ME SOUVIENS PLUS DE RIEN.
VOUS N'ÊTES PAS LE SEUL ! DEPUIS L'ÉLECTION DU PRÉSIDENT SARKOZY, LES FRANÇAIS IMITENT SON COMPORTEMENT. ILS OUBLIENT CEUX QUI DANS LE PASSÉ LES ONT AIDÉS À GRIMPER LES ÉCHELONS. LES AMIS HISTORIQUES, ABANDONNÉS, DEVIENNENT HYSTÉRIQUES. SARKO N'AIME QUE LES NOUVEAUX VISAGES. NOUS SOIGNONS LES ÉTATS D'ÂME DES VIEUX COMPAGNONS, VICTIMES DE L'"OUVERTURE". PIERRE LELLOUCHE SORT D'ICI. JE L'AI MIS SOUS TRANQUILLISANTS. PERDRE LA MÉMOIRE C'EST MODERNE ! LES MEILLEURS SOUVENIRS C'EST CE QU'ON AURAIT DÛ FAIRE. LE PIRE CE N'EST PAS D'OUBLIER, C'EST D'ÊTRE OUBLIÉ.
JE SUIS SÛRE QUE JE L'AVAIS TOUT À L'HEURE. OÙ EST-CE QUE J'AI FOURRÉ MA CULOTTE ?
WOLINSKI

JE CHERCHE UNE IDÉE
COMME TOUS LES MATINS, JE VAIS ACHETER LES JOURNAUX. J'AI UN DESSIN À FAIRE POUR "CHARLIE HEBDO". IL FAUT QUE JE TROUVE UNE IDÉE. MAIS D'ABORD, IL FAUT QUE JE CHOISISSE UN THÈME DANS L'ACTUALITÉ. PAR EXEMPLE POUR LE PAPE J'AI DESSINÉ UNE FENÊTRE, POUR RAINIER J'AI DESSINÉ UN ROCHER. AUJOURD'HUI, J'AI LA TÊTE VIDE MAIS CE N'EST PAS GRAVE. ÇA VA VENIR.
J'AIMERAIS ÊTRE UN ARTISTE. COMME MATISSE. IL PASSAIT SES JOURNÉES, CRAVATÉ, AVEC UN GILET ET UNE BLOUSE, À DESSINER DES FLEURS DES CHAMPS ET SA FEMME DE MÉNAGE, MAIS JE SUIS PAS ENCORE ASSEZ VIEUX POUR NE FAIRE QUE CE QUI M'AMUSE.
MOI, MONSIEUR HENRI, JE DIS NON À L'EUROPE PARCE QUE JE SUIS POUR LES RICHES, ET QUE LES RICHES ILS FONT TRAVAILLER LES PAUVRES.
"LE COSTUME D'ÈVE N'EST-IL PAS L'UNIFORME DE L'AMOUR"
SUIS-JE ASSEZ CON POUR ÊTRE UN ARTISTE? JE CROIS QUE OUI. J'AI, TOUTE MA VIE, FAIT SEMBLANT D'ÊTRE PLUS INTELLIGENT QUE JE LE SUIS. ON PEUT FAIRE L'INTELLIGENT COMME ON PEUT FAIRE LE CON. ON PEUT ÊTRE DÉPASSÉ PAR SON OEUVRE... MAIS J'ENVIE MATISSE, C'EST UN HOMME SIMPLE, ET ROUBLARD. LES INTELLOS SONT RAREMENT GÉNIAUX. « IL SURPREND TOUT LE MONDE, LES IMPROVISATIONS CHROMATIQUES NÉES DES CISEAUX DE MATISSE ET DE SES PAPIERS GOUACHÉS ATTEIGNENT D'EMBLÉE LE BUT QU'IL S'EST TOUJOURS FIXÉ: RÉUSSIR LA SYNTHÈSE PARFAITE DE LA LIGNE ET DE LA COULEUR. » VOILÀ! PLUS CON QUE LES ARTISTES, IL Y A LES CRITIQUES D'ART.
QU'EST-CE QUE C'EST, ÇA ?
OUI
UNE IMPROVISATION CHROMATIQUE SYNTHÉTISANT LE OUI AU RÉFÉRENDUM.

LORSQU'ON EST ARTISTE, ON PEUT DESSINER N'IMPORTE QUOI. PAR EXEMPLE, UN CUL. LORSQU'ON EST DESSINATEUR DE PRESSE, ON PEUT EXÉCUTER LE MÊME DESSIN EN AJOUTANT UNE IDÉE MAGISTRALE QUI LE LANCE DANS UNE NOUVELLE DIRECTION.
« LA FORME ET LA COULEUR NE SE CONFONDENT PAS...
DÉPÊCHEZ-VOUS, MONSIEUR HENRI !
...AVEC LE BRUIT ET L'ODEUR, IL Y A SIMULTANÉITÉ
..QUE J'AI LA MORUE À DESSALER POUR LE DÎNER DE CE SOIR AVEC MONSIEUR PABLO.
NON
TIENS, J'AI UNE IDÉE ! SI VOUS VOULEZ QUE LA FEMME DE MÉNAGE DE MATISSE VOTE "OUI", VOUS N'AVEZ QU'À LA BAISER !
OUI OUI OUI OUI OUI OUI OUI OUI OUI OUI OUI SI SI YES OUI OUI OUI OUI OUI OUI OUI DA OUI OUI SI SI OUI OUI OUI OUI OUI OUI OUI OUI SIM SIM SIM YA YAYA YAYA YA YA. OUI OUI OUI OUI OUI OUI OUI OUI OUI OUI OUI OUI
MARIA, JE SAIS QUE C'EST BIEN PLUS TARD QU'ON SE RENDRA COMPTE COMBIEN CE QUE NOUS FAISONS AUJOURD'HUI ÉTAIT EN ACCORD AVEC LE FUTUR...
WOLINSKI ET MATISSE

MA CASSETTE
POSTHUME
JE SUIS MORT.
JE PEUX ENFIN OSER DIRE CE QUE JE PENSE DE VOUS. JE VAIS VOUS DÉCEVOIR. JE NE PENSE RIEN. J'AI PASSÉ MA VIE À VOUS FUIR. FAUSSEMENT AMICAL, SOI-DISANT FRATERNEL, NE CROYEZ PAS QUE JE VOUS DÉTESTE. J'IGNORE LA HAINE. JE SUIS INDIFFÉRENT, C'EST TOUT. «TU TE FOUS DE TOUT», DIT MARYSE. C'EST PRESQUE VRAI. JE NE ME FOUS PAS DE LA SATISFACTION, OU DE L'INSATISFACTION DE MES DÉSIRS...
QUAND JE SERAI MORT, TU REGARDERAS CETTE CASSETTE.
SANS TOI, JE NE SAIS PAS FAIRE MARCHER LE MAGNÉTOSCOPE
..CAR J'AI AIMÉ MES FRUSTRATIONS AUTANT QUE MES SATIÉTÉS. HEUREUSEMENT, RAISONNABLE, MESURÉ, SAGE, JE N'AI PAS TROP VÉCU.
PAS TROP MAL NON PLUS. ME SATISFAISANT DU SOUVENIR DES QUELQUES, RARES FOIS OÙ J'AI DÉPASSÉ LES LIMITES. OÙ J'AI OSÉ ÊTRE MOI-MÊME.
QUAND JE SUIS MOI-MÊME, JE RÊVE D'ÊTRE UNE FEMME.
PÉDÉ, VA!
ÊTRE SOI-MÊME, C'EST ÊTRE ÉGOÏSTE. C'EST SE FOUTRE DE TOUT CE QUI N'EST PAS SON PLAISIR. C'EST NE PENSER QU'À SOI. JE NE CROIS PAS EN DIEU, MAIS LE DIABLE EST EN NOUS. IL N'Y A QUE L'INCORRECT, LE CHOQUANT, LE MALSAIN QUI SOIT BON. C'EST LORSQUE JE FUS UN SALOPARD QUE JE ME SUIS LE PLUS AMUSÉ. JE SAIS, CE N'EST PAS BIEN.
JE SUIS LE DIABLE.
PARLE PLUS FORT, J'AI MIS MES BOULES QUIÈS.

POURTANT, JE ME SUIS RÉSIGNÉ À ÊTRE QUELQU'UN DE BIEN. J'AI DÉFENDU DES IDÉES QUI N'ÉTAIENT PAS LES MIENNES, ET DES CAUSES AUXQUELLES JE N'ADHÉRAIS PAS. STUPIDEMENT FIER D'AFFICHER MES CONVICTIONS DU BON CÔTÉ.
J'INVITE LE PS À ÊTRE UNE FORCE D'INTELLIGENCE COLLECTIVE, CAPABLE D'ACCOMPAGNER ET D'ÉCLAIRER DES ENJEUX NOUVEAUX...
BRAVO!
J'AI SU GÉRER MA PARESSE, MON IRRESPONSABILITÉ, MON MANQUE DE CARACTÈRE, POUR EN FAIRE UN STYLE. MES DÉFAUTS PLUS QUE MES QUALITÉS M'ONT AIDÉ À RÉUSSIR DANS LA VIE. CHERCHER TOUT LE TEMPS DES IDÉES M'A ÉVITÉ DE TROP PENSER AU TEMPS QUI PASSE. DESSINER DANS LES JOURNAUX POUR AMUSER LES LECTEURS, CE N'EST PAS UN TRAVAIL. MALGRÉ TOUTES CES HEURES PASSÉES DEVANT LA TABLE À DESSIN, À TRITURER L'AIR DU TEMPS.
C'EST LE MATIN QU'IL Y A LES PLUS BEAUX CONTRE-JOURS
40 ANS DE VIE PROFESSIONNELLE ONT PASSÉ AINSI. J'AI FAIT QUELQUES PROGRÈS. JE DESSINE MIEUX LES FEMMES. JE CONNAIS LEURS OMBRES PAR COEUR. JE NE POURRAIS PAS VIVRE À LA CAMPAGNE. J'AI BESOIN DE LA RUE POUR ADMIRER LEURS ENJAMBÉES, LEURS BALANCEMENTS ET LEURS TRANSPARENCES. J'AI ENREGISTRÉ CETTE CASSETTE PARCE QUE CET ÉTÉ J'AI CRU MOURIR. JE SUIS ALLÉ LA PORTER DANS LES TÉLÉS. ÇA NE LES INTÉRESSAIT PAS, PUISQUE JE N'ÉTAIS PAS MORT. ET PUIS, JE NE DÉNONÇAIS PERSONNE. JE NE DISAIS DU MAL QUE DE MOI.
JE SUIS SÛR QUE JE NE SUIS PAS LE MEILLEUR DE TOUS CEUX QUE TU AS CONNUS.
TU N'ES PAS LE PIRE.
CE N'EST PAS TRÈS MÉDIATIQUE D'AVOUER SA MODESTIE, ET D'ADMIRER CEUX QUI VOUS DÉPASSENT ET VOUS SURPASSENT. SEUL "CHARLIE HEBDO" A CONSENTI À PUBLIER MA CONFESSION. WOLINSKI

Table

Conception graphique et réalisation : **Cursives, Paris**

Impression : **IME, Baume-les-Dames**
Dépôt légal : **juin 2013. N° 111799-2.**
Imprimé en France